JN026979

5万円からでも始められる!

黒字転換2倍株で勝つ投資術

Mariko Mabuchi
馬渕磨理子

ダイヤモンド社

はじめに

知識ゼロなのにいきなり資産運用を任される

大学卒業後、私は公共政策を学ぶ大学院に進学。そこで政治・経済・行政を学びましたが、夢だったキャリア官僚の試験には受からず、全ての就職活動に失敗しました。結果、2013年に関西の某医療法人に入社。

その医療法人に入ったことで、私の人生はガラリと変わりました。

入社後に「大学院で政治・経済を学んできたのだから、金融もわかるだろう。資産運用をやってくれないか。金融の知識は、将来必ず君の力になってくれるよ」と言われ、全くの未経験なのに資産運用の専業デイトレーダーをすることになったのです。

いきなり投資の世界に投げ込まれたので、それからは大変な苦労の連続でした。

専業デイトレーダーとして投資の経験を積む

投資は未経験。この医療法人で貰ったチャンスをものにするもしないも自分次第だと思い、そこからは、ただただがむしゃらに勉強し、働きました。

株取引の始め方、チャート分析の方法、財務諸表の読み方、情報収集のやり方など、株式投資をする上で必要なことは、全て独学で身につけました。24時間３６５日のほとんどの時間を、株式投資の習得のために使ったといっても過言ではありません。

平日は9時～15時で株式投資に集中。それ以外の時間は、トレードの予習・復習、情報収集、セオリーの組み立てに使いました。金融に関するあらゆる領域を学ぶのには、どれだけ時間があっても、足りませんでした。身近に良い指導者がいれば、もう少し近道ができたのかもしれません。

しかし元々、政治・経済が好きだったこともあり、マクロ経済の情報収集はとても楽しかったです。ただ、株式投資はマクロ経済分析だけわかっても、市場では勝てません。

私の投資生活は想像以上に過酷なものでした。個別銘柄分析、トレードの振り返り、そして、自身のメンタルコントロールなど、毎日があっという間に過ぎていきました。うそのような話ですが、この時期に本当に髪の毛が白髪だらけになりました。でも、ここで頑張るしかなかったので、何も怖いものはありませんでした。

特に、私がいちばん苦労したのが金融のモノの考え方と情報収集の方法でした。

たとえば、円高・円安の動きは、経済学の教科書通りには動かないのです。決算が良くても、必ずしも株価が上がるわけではない。むしろ下がってしまうこともあります。全てが、セオリー通りの動きをしないのがマーケットです。

それでも、根底にある金融のモノの考え方を知っておくと、想定外の動きをしたとしても、ある程度理解することができます。

株式投資に悪い印象がある方は、「金融の世界は怖い、わからない、損をするに違いない」。そんな思い込みがあるのではないでしょうか。

金融業界では、なぜか難しいことをより難しく話す傾向があります。そのため私も自分なりに噛み砕いて理解するのにかなり時間がかかり、とても苦労しました。

株式投資は中長期投資がいちばん

結局、専業デイトレーダーの成果としては、与えられた資産を2年で3倍にすることができました。今でも、このチャンスをいただけたこと、恵まれた環境にいられたことにたいへん感謝しています。

ただ、当時はアベノミクス相場でしたので、経営陣はもう少し大きなリターンを求めていたことでしょう。このときのトレーダーの経験からわかったことは、株式投資は中長期投資がいちばんだということです。

専業トレーダーとして生きていくことができる人は、ほんの一握りです。それはある意味、特殊な才能を持った人たちなのだと言えます。

私も含めて多くの人は、平日は本業をやりながら、週末などの空いた時間で株式投資をするのが普通です。そんな方々におすすめできる投資スタイルは、株価の値上がり値下がりに一喜一憂しなくていい中長期投資なのです。

転職で見つけた「究極の投資術」

その後、縁あって２０１５年に投資家向けの情報提供会社フィスコに転職しました。

このフィスコで、私は自分にピッタリな投資方法と出合いました。それが今回ご紹介する**黒字転換《クロテン》２倍株投資術**です。

これは当時、上司だったアナリストの中村孝也さん（現フィスコ取締役）から直々に伝授されたものです。

中村さんからは、「この方法は、初心者の方にもおすすめできる堅実でローリスクのやり方なので、ぜひ、これをマスターして私の代わりに世の中に広めていってほしい」と託されました。

黒字転換2倍株投資とは、どういう方法なのか。ここで簡単にご説明します。

この投資法は、それまで赤字体質だった企業が、業績の回復が期待でき、黒字転換する頃合いを見計らって、いち早く買いを入れる方法です。タイミングとしては、四半期決算毎に買い場がやってくると考えていいでしょう。

通常、黒字転換する企業の株価は、その後、順調に伸びていく傾向にあります。

たとえば、株価が500円だった企業が、黒字転換をきっかけに500円→600円、600円→800円→1000円というふうに伸びていきます。2倍になる期間は、ケースバイケースですが、早くて3か月、通常は半年から1年、遅い場合で2年程度ということもあります。

株価が2倍になった銘柄は、その後、3倍、5倍とさらに伸びていくこともあります。もちろん、2倍になる前に、元のように下降線をたどってしまう場合もあります。さらに上に伸びていく銘柄と、下がってしまう銘柄の違いは何か？　その辺りの見極め方についても本書の中でしっかり解説しています。

株式投資の知識がゼロの方でも、本書をよく読んでやり方をマスターすれば、5万円、10万円からでも始められます。

全国各地で話した「的中率70％超え」の実績ある手法

これまで全国各地のセミナーで5年間にわたってこの方法を個人投資家の方々にお伝えしてきました。手堅く着実に利益を増やせる方法で、私自身が予想した株価の的中率は70％を超えています。

500～2500円前後の割安銘柄を黒字転換する節目などに仕込み、3か月～2年後の株価が2倍になったタイミングを目安に売却するというシンプルなものです。

株取引の始め方や売買方法、チャート分析の方法、財務諸表の読み方は、一度学べば一生使えます。ぜひ、この機会に一生モノの株式投資の方法を身につけてください。

本書では、

「知識ゼロの素人が、株式投資を始める際に最低限必要な知識とは何か？」

「黒字転換2倍株が、なぜ個人投資家におすすめなのか？」

「黒字転換2倍株をどうやって見つけて、どう売買すればいいのか？」

などについて、わかりやすく解説していきます。

なぜ、黒字転換2倍株投資がおすすめなのか？

繰り返しますが、**黒字転換2倍株投資は、とても堅実な方法**です。**赤字だった企業が黒字に転換していくタイミングは、業績が「マイナスからプラス」に転換するタイミング。このマイナスからプラスの境目には大きなチャンスがあります。**

黒字転換する企業がその後、継続的に成長しそうであれば、どん底からプラス方向の上昇しかありません。

さらに、もともと赤字だった企業なので、人気がなく、株価が安い値段で放置されているケースが多いのです。そのため、黒字転換2倍株は安い株価であることから、損切り（損失を回避するための早めの売却）をするケースも少ないです。

また、黒字転換2倍株は対象となる企業があまり多くないので、初心者にも簡単に見つけられます。本書では、黒字転換2倍株を自分で見つけられるようになる方法をお伝えします。

株式投資の知識は一生モノの財産

本書の構成は、以下のようになっています。

第1章では、なぜ、黒字転換2倍株が個人投資家におすすめなのかをお伝えします。

第2章では、知識ゼロでも黒字転換2倍株銘柄を見つける手法を詳しく解説しています。

第3章では、株式投資で儲けるために必要なファンダメンタル分析のエッセンスをまとめました。

第4章では、株価チャートなどテクニカル分析の基本についてお伝えします。

第5章では、株式投資に必ず必要なＩＲ（インベスター・リレーションズ）情報の読み方をまとめました。

第6章では、相場サイクルの見方などについて説明します。

第7章は、番外編で中上級者向けの内容です。決算書に表れないその企業の強みの見抜き方についてお伝えしています。

株式投資の知識は一生モノの財産だと思います。

1年や2年で大きく変わるものではありません。10年単位で考えてもそう大きくは変わりません。

老後や将来に備えて、本業以外の収入源を作っておくことは、とても大事です。

経済や金融の知識とトレードのノウハウを身につけることは、自分の身を自分で守るための武器を身につけることでもあります。

株式投資における大事な〝エッセンス〟だけをまとめた本書を手にとっていただいたあなたが、経済的に自由を得られるようになることを心から願っています。

２０２１年5月

馬渕磨理子

5万円からでも始められる！　黒字転換2倍株で勝つ投資術●目次

はじめに
知識ゼロなのにいきなり資産運用を任される　3
専業デイトレーダーとして投資の経験を積む　3
株式投資は中長期投資がいちばん　5
転職で見つけた「究極の投資術」　6
全国各地で話した「的中率70％超え」の実績ある手法　8
なぜ、黒字転換2倍株投資がおすすめなのか？　9
株式投資の知識は一生モノの財産　10

第1章
黒字転換2倍株こそ、個人投資家の王道！

1 黒字転換2倍株投資とは何か？ 22
2 元手はいくらあればできる？ 24
3 株式投資には3つのやり方がある
——短期投資、中期投資、長期投資 26
4 売買のサイクルとは？ 28
5 あなたも10倍株(テンバガー)に出合えるかもしれない 30
6 2倍株は堅実株！ 32
7 大きな市場の流れに乗っかって、少しだけ利益をいただく 34
8 黒字転換2倍株は、初心者にも簡単に見つけられる 35
9 黒字転換2倍株は、時価総額500億円以下が狙い目！ 36
10 ホップ、ステップ、ジャンプで資産を増やす！ 37
Column 米国高配当銘柄に投資する 42

第2章

黒字転換2倍株は、こうして見つける！

1 黒字転換2倍株は「無料」で探せる！ 46
2 「通期」ではなく、「四半期」の黒字転換を探すのがコツ 47
3 継続赤字から「黒字転換」の瞬間を捉える 48
4 当期純利益ではなく、営業利益・経常利益の黒字転換が重要 52
5 黒字転換2倍株をスクリーニング機能で探す 55
6 マネックス証券のスクリーニング機能で探す 56
7 ニセモノの黒字転換銘柄を省く 64
8 「1．通期業績の予想」をチェックする 65
9 「2．営業利益と経常利益の進捗率」をチェックする 69
10 「3．具体的な事業内容」をチェックする 72
11 20～30銘柄程度のウォッチリストを作成する 74

12 資金と銘柄を分散して買う 77
13 他人より先に、黒字転換2倍株の兆しを掴む 78
14 フィスコのスクリーニングツールで探す 80
15 SBI証券のスクリーニングツールで探す 90
16 楽天証券のスクリーニングツールで探す 95
17 底値で買えれば、勝率は格段に上がる 97
18 黒字転換銘柄は、株価が安い水準に放置されている 98
19 四半期ベースで黒字転換の銘柄は、株価が上昇しやすい 102
20 10倍株(テンバガー)を見つけられるか? 104

第3章 黒字転換2倍株をファンダメンタル分析で見極める

1 黒字転換2倍株の継続性をチェックする 108

2 ファンダメンタル分析1　テーマ株かどうか 109
3 注目すべき7大テーマはこれ！ 113
4 ファンダメンタル分析2　PER（株価収益率）とPBR（株価純資産倍率）から見る 124
5 ファンダメンタル分析3　IRの対応をチェックする 129

第4章 売買タイミングを見極めるチャート分析の基本

1 株価チャートの基本～ローソク足、移動平均線、出来高 136
2 株価の動きには、上昇、下降、横ばいの3つのトレンドがある 144
3 押し目、もみ合い、もみ合いからの上放れとは？ 146
4 Wボトムは、株価の底を示すチャートパターン 148
5 Wトップは、株価の天井を示すチャートパターン 150
6 逆三尊は、株価の上昇トレンド転換を示すチャートパターン 152

7 三尊は、株価の下降トレンド転換を示すチャートパターン 154
8 多くの投資家が注目する移動平均線を使った売買サイン 156
9 購入する株は見つかった！　でもいつ買えばいいの？ 160
10 売買タイミングの判断には、テクニカル分析を使う 162
11 黒字転換銘柄は、通期予想で一足先に把握する【上級者編】 164
12 株価の上昇に乗り遅れた場合の対処法 166
13 利益確定の目安を持ち、実行する 169
14 損切りのタイミングはどうする？ 170

第5章 ＩＲ情報を投資にフル活用する

1 ＩＲ情報という「投資家の武器」を使いこなそう 174
2 決算短信はここを読む！～現在と未来の成長性を確認する 175

3 そもそも連結ってどういう意味？ 178
4 有価証券報告書の読み方 179
5 【事例解説】ＲＩＺＡＰの株価暴落は、決算短信に表れていた！ 183
6 決算発表における株価反応の５パターンを知ろう！ 193
7 パターン①：上方修正なのに株価が上がらない！ 194
8 パターン②：達成率が高いのに株価が上がらない！ 200
9 パターン③：達成率が低いのに株価が下がらない！ 204
10 パターン④：コンセンサスを上回ったのに株価が上がらない！ 207
11 パターン⑤：コンセンサスを下回ったのに株価が下がらない！ 211

第6章 相場サイクルで投資チャンスを見極める

1 金融緩和でなぜ、株価が上がるの？ 216
2 金融緩和とは、市場に出回るお金の量を増やすこと 218
3 金融緩和で上がる株、上がらない株の違いとは？ 220
4 「バブル」と「金利」の関係 221
5 投資の現在地を把握するために、相場の「4つのサイクル」を理解しよう 224
6 株価が動く14の要因 228
7 円高・円安とは 236
8 全体相場を見極める「6つの株価指数」とは 239
9 中長期投資のためには、情報収集力を磨こう！ 何をすればいいのか？ 244
10 情報収集は、シンクタンクのレポートをフル活用する！ 246
11 マクロ経済の情報収集法～シンクタンク、経済研究所のレポートの読み方・使い方 248
12 重要な景気指標の読み方（GDP、日銀短観、ISM、PMI） 250
Column 2022年4月、株式市場はこう変わる 254
Column 「FUNDINNO」で資金調達した上場企業が誕生 256

第7章 決算書には表れない企業の強みは、ここで見抜く！

1 投資家は、経営者と企業の動向をよく見ている 258
2 IRも経営者の仕事であると認識が変わると、株価は上昇しやすい！ 260
3 マザーズ市場から東証1部に鞍替えする企業に注目！ 262
4 マザーズから東証1部に鞍替えの条件とは 263
5 マザーズから東証1部へ鞍替えする企業を、いち早くキャッチするには？ 267
6 成長性のある企業かどうかは、社長インタビューでその目で確かめよう！ 268
7 市場の鞍替えをチェックする手順 277

第1章

黒字転換
２倍株こそ、
個人投資家の王道！

1 黒字転換2倍株投資とは何か？

上場企業には、四半期決算が義務付けられています。四半期決算とは1年を4つに分けて3か月に一度、決算内容を投資家に公表することです。

はじめにでも述べましたが、**黒字転換《クロテン》2倍株投資とは、この四半期ごとの決算データで営業利益、または経常利益が「赤字」から「黒字」に転換するタイミングの銘柄をいち早く見つけ、それに投資するという方法**です。

「赤字」から「黒字」に浮上した銘柄の中から、この先も継続的に黒字化しそうかどうか、また、今後の発展が期待される大きなテーマ（5GやDXなど話題となっている材料や企業群）に乗っているかどうか等を加味しながら、銘柄を絞り込んでいきます。黒字転換する企業の株価は、その後、順調に伸びていくことが多いです。

上場企業約3800社の中から、四半期ごとに黒字転換する会社が200社、150社など出てきますが、その中からさらに吟味して50社、30社などと投資対象を絞り込んでいきます。

たとえば、株価が５００円のときに買い注文を入れ、その後、株価が2倍の１０００円に値上がりしたところを目安に売るというシンプルな手法です。それぞれの銘柄にもよりますが、2倍になる期間は、およそ3か月から長くて2年程度です。中には、株価が2倍を超えて、5倍、10倍（テンバガー）に伸びていく場合もありますので、いつ売却するかはそのときの状況やタイミングをよく見ながら、個別に判断していきます。

黒字転換のタイミングを狙う！

黒字転換
赤字
ココです
赤字から黒字に転換した銘柄をいち早く見つけて投資する方法です

2 元手はいくらあればできる？

黒字転換した企業の株価にもよりますが、おおよそ株価が500〜2500円の場合が多いです。

株は、100株を一単元として購入します。株価500円の株式を購入する場合は、500円×100単元＝5万円です（手数料除く）。そのため、始めるにあたっては、最低でも5万〜25万円程度の余裕資金が必要です。業績が絶好調で誰もが買いたいと思う銘柄は既に、大きく上昇しているケースがほとんどです。

たとえば、ユニクロを展開するファーストリテイリングは株価が10万円に達していま す。つまり、最低購入価格が10万円×100株＝1000万円以上になり、個人投資家にとって、とても手に入れられる株価ではなくなっています。

そこで、**今からでも株価の上昇が見込めて、個人投資家でも気軽に購入できるような最低購入価格が低い銘柄を探し出して投資する**、という手法をおすすめしたいのです。

必要資金が5万円程度なら、試しにやってみようと思う方も多いのではないでしょうか。あなたの余裕資金が5万円しかなくても、その範囲内で投資を始めることができます。

リスクを大きく取らなくても、株式投資はスタートできるのです。

余裕資金で始められる！

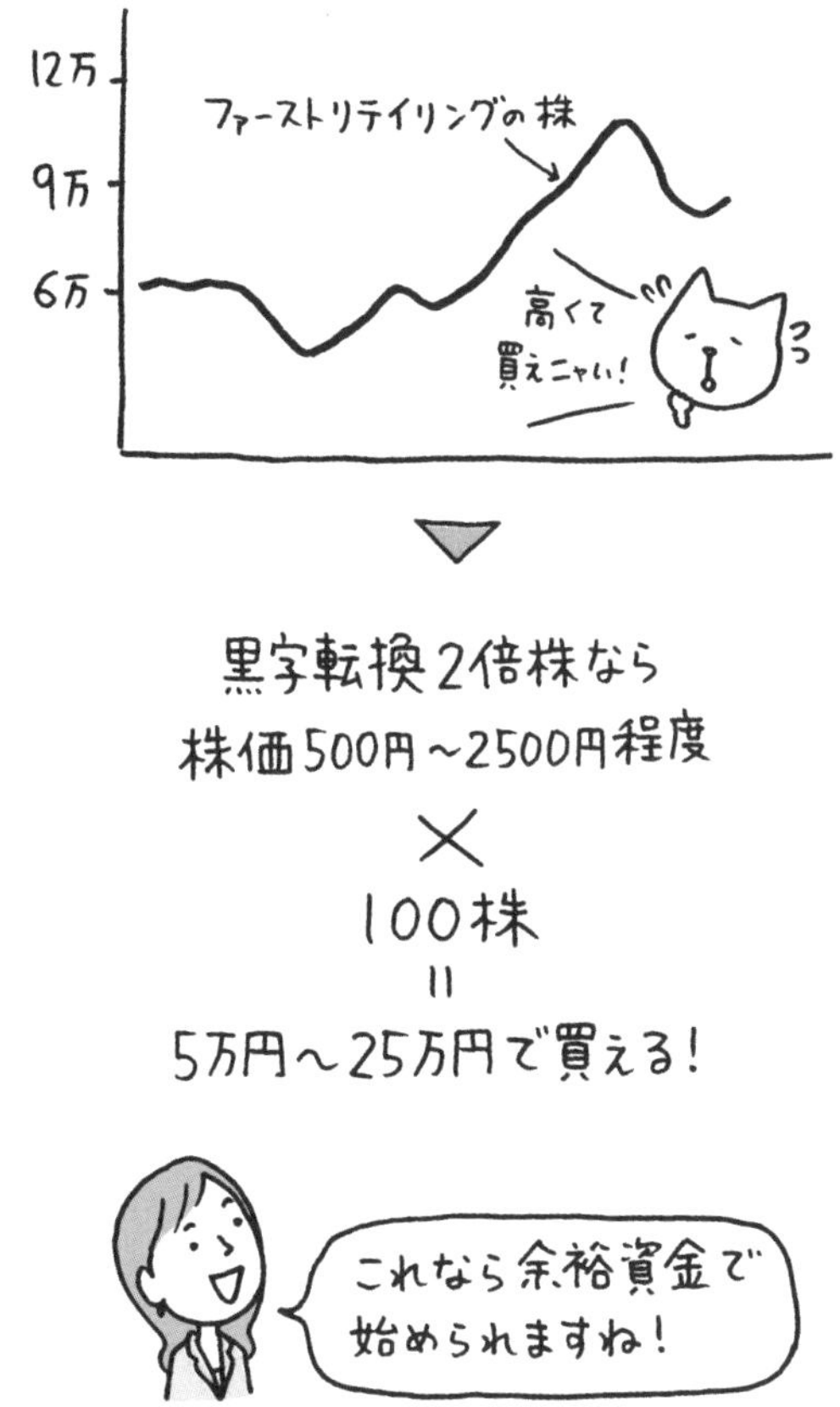
12万
9万
6万
ファーストリテイリングの株
高くて買えニャい！
黒字転換2倍株なら
株価500円～2500円程度
×
100株
＝
5万円～25万円で買える！
これなら余裕資金で始められますね！

3 株式投資には3つのやり方がある——短期投資、中期投資、長期投資

株式投資は、大きく分けて次の3つのスタンスがあります。

1．1日から数週間の期間で売買する短期投資（デイトレード、スイングトレード）

2．数か月程度の期間で売買する中期投資

3．数年（数十年）単位で売買する長期投資

デイトレードは、1日のうちに売買を手仕舞う取引です。デイトレードは、1日中パソコンの画面など相場に張り付いていなければならないので、ビジネスパーソンなど日中仕事をしている人には向いていません。

もう1つのスイングトレードは、デイトレードよりは投資期間が長く、数日から数週間程度の期間で売買する方法です。こちらも、ある程度は相場をこまめにチェックする必要がありますので、ビジネスパーソンの方には、やや面倒かもしれません。

そこで、おすすめしたいのが、「中長期投資」です。

本書で紹介する黒字転換2倍株投資は、3か月〜2年くらいの期間で売買しますので、

中長期投資のスタンスになります。

３か月～２年程度で売却！

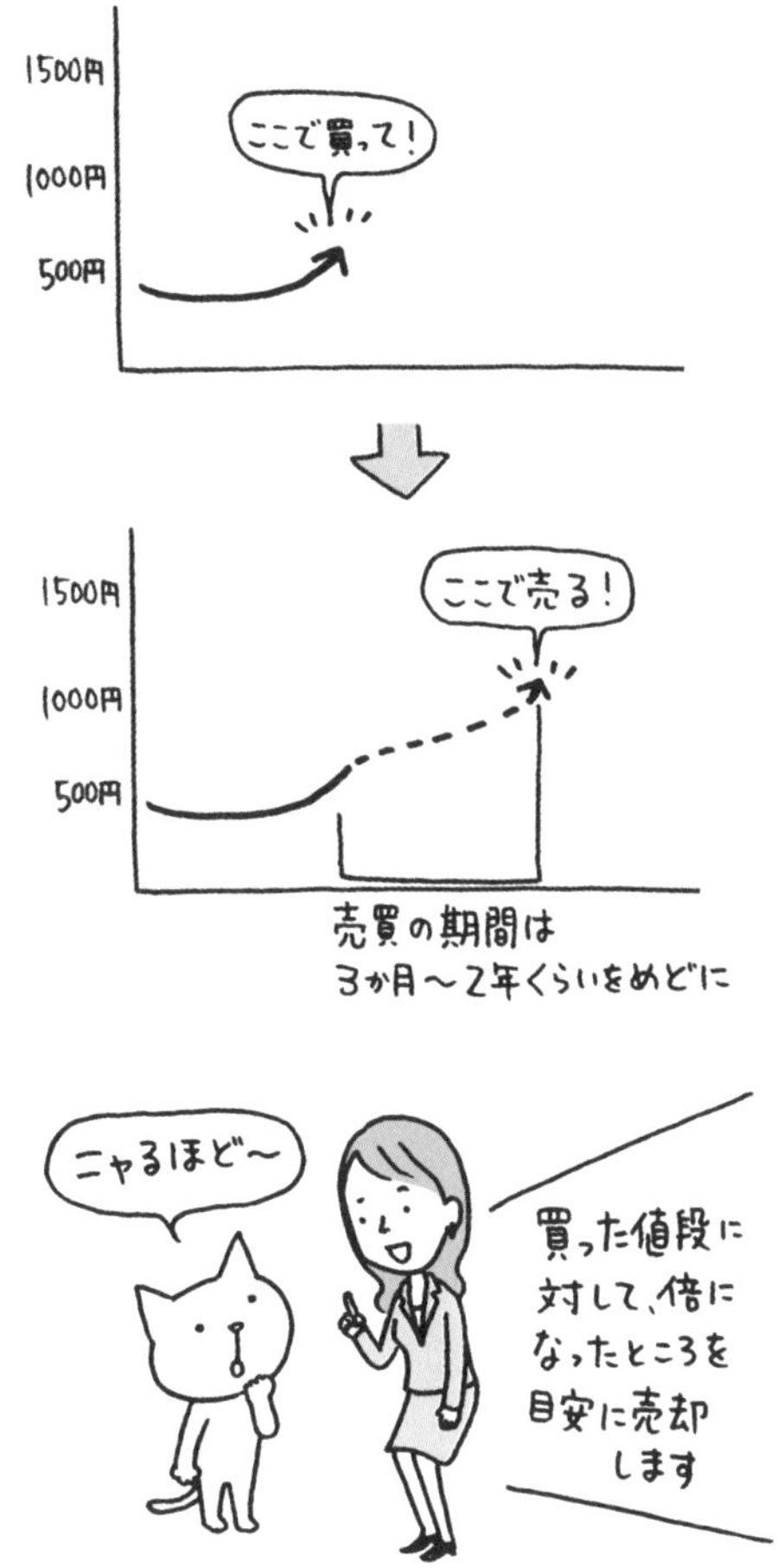
1500円
1000円
500円
ここで買って！
1500円
1000円
500円
ここで売る！
売買の期間は
3か月～2年くらいをめどに
ニャるほど～
買った値段に
対して、倍に
なったところを
目安に売却
します

4 売買のサイクルとは？

投資で利益を得るには、**「銘柄選定→買い注文→保有→売却」**の一連の売買サイクルを理解する必要があります。

黒字転換の候補銘柄が絞られたら、それぞれ企業の事業内容や業績などをチェックして、次にその企業の株価チャートを確認します。

株価チャートで現在の株価水準が割安なのか、また、株価がしばらく横ばい状態が続いているのかなどをチェックします。

株価の横ばい状態が長いということは、まだ、株価が立ち上がっていないため動き出す手前で、株を購入できる可能性が高くなるということです。

企業ごとに株価のクセがありますので、チャートを遡《さかのぼ》って過去に大きく上昇している場合は、どれくらいの値幅が出ていたかも確認します。

たとえば、過去に３０００円だった株価が１０００円まで下落している銘柄があるとします。その銘柄が再度、勢いを得て上昇基調に入った際には、同じくらいの値幅（３０００

円）まで上昇することが多いです。

その**株価が過去の推移から見てかなり割安であることが確認できれば、ひとまず購入して、最低でも次の四半期決算を迎えるまでの3か月間は保有**します。

その間に、株価が順調に伸びて2倍になるケースもあります。そのときは、利益確定のために売却してもいいでしょう。

一方、株価がまだ2倍に達しない場合は、さらに継続して保有してもいいです。

保有株との付き合い方は、その後も3か月ごとの決算で、

「黒字が継続しているか」

「利益の成長が鈍化していないか」

の2点を特に注意して見ていきましょう。

この2点が満たされている間は、大きく株価が崩れることは少ないはずです。

5 あなたも10倍株(テンバガー)に出合えるかもしれない

一方で、再度赤字に転落したり、利益成長が鈍化している場合は、株価が伸び悩んだり、下落する可能性が高まりますので、いったん売却します。

また、損切りに関しては、基本的に、株価が低い水準で購入するため、大きく下落して損切りを迫られるケースは少ないと言えます。

そのため、黒字転換2倍株の前提条件である

「黒字が継続しているか」

「利益の成長が鈍化していないか」

の2つが崩れた場合に手放すというスタンスでいいでしょう。

繰り返しますが、中には株価が2倍以上に成長する銘柄も稀に出てきます。

5G、DX(デジタルトランスフォーメーション)など、時代のど真ん中のテーマに乗っているときは、株価が2倍では済まず、5倍、10倍と成長するケースもあります。

ある意味**黒字転換2倍株は、10倍株(テンバガー)候補に出合える入り口**であると考え

ることもできます。大きな伸び代が期待できる有望銘柄を探すきっかけとして、黒字転換2倍株を探すところから始めてみるというのも面白いでしょう。

2倍株候補が10倍株に化けるかも!?

6 2倍株は堅実株！

あなたは2倍株と聞いて、どう思われましたか？

株式投資初心者の方であれば、「お金が2倍になったらいいな！」と思われたかもしれませんね。しかし、中上級者であれば、「せっかくなら5倍、10倍を狙いたい！」と思った方も多いでしょう。

株式投資で2倍を狙うというのは、そんなにハードルの高い投資法ではありません。**リスクを抑えつつもリターンを狙う、黒字転換《クロテン》2倍株投資は「マイルドな投資法」**であり、私も含めて日本人の多くが受け入れやすい投資法と言えます。

株式投資は「安いときに買って、高いときに売れば」利益を得られます。

しかし、その株価がそもそも値段が安いのかどうかの判断が難しい上に、今後値上がりするか、値下がりするかどうかもよくわからない。だからうまくいかないのです。

クロテン2倍株は、それまで赤字で人気のなかった銘柄が黒字転換し、その後、継続的に黒字化する可能性を見極めることで、安いうちから仕込もうというものです。

もともと安いところで買うために、大きな値下げや急落のリスクも少なく、損切りを迫られることも少ないと言えます（もちろん絶対ではありません）。

「堅実にリスクを取りたくない、損切りの回数を減らしたい、でも利益は欲しい」という堅実派のあなたにピッタリの方法なのです。

リスクは取りたくないけど、利益は欲しい！

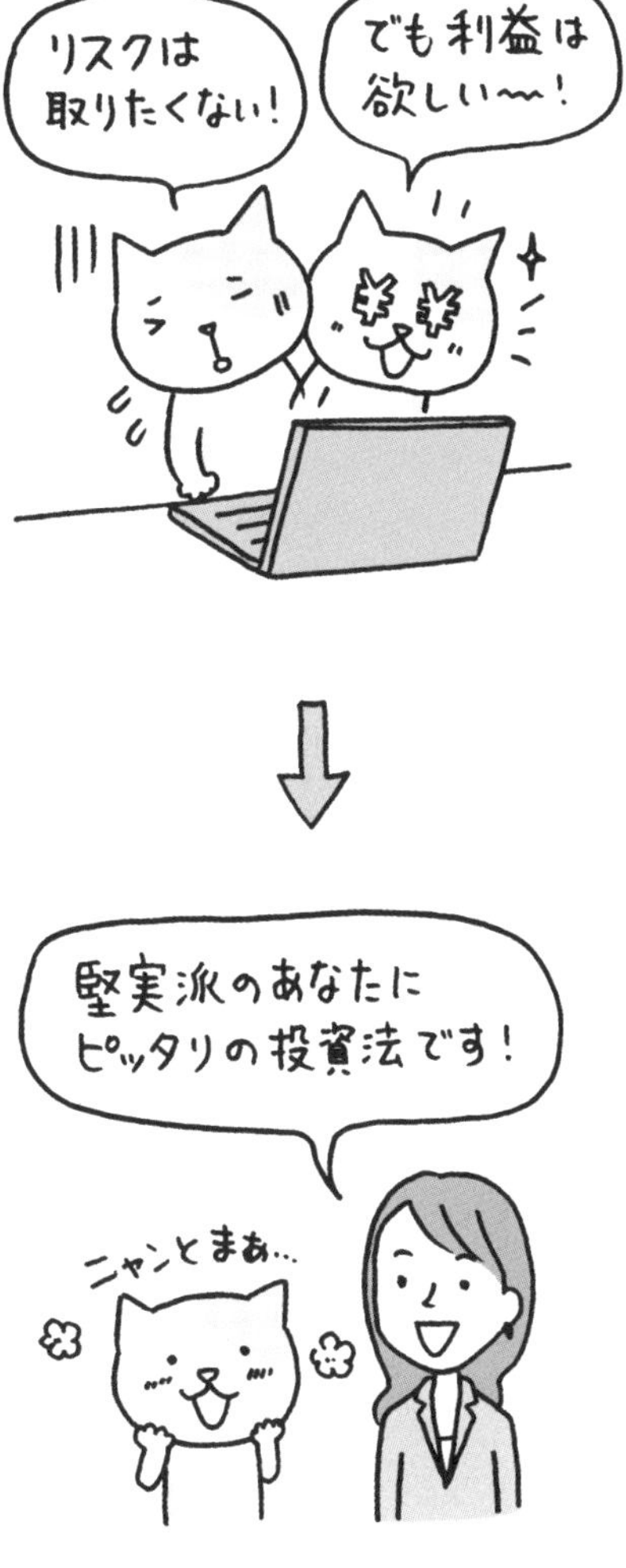

7 大きな市場の流れに乗っかって、少しだけ利益をいただく

株式投資の世界は、高速で取引を繰り返すアルゴリズム高速取引業者や百戦錬磨のヘッジファンドといった海外投資家、機関投資家（生保・損保、銀行・信託銀行、投資信託、年金基金、政府系金融機関など）の存在が大きな割合を占めています。

こうした海外のヘッジファンドなどが短期の売買で使っている技術は、ここ数年でＡＩサービスの開発や普及が進み、個人投資家でも手が届くようになってきてはいるものの、まだまだ個人で使いこなしている投資家は限られています。

個人の力や資金力で何とかなるような世界ではありません。

「大きな市場の流れに乗っかって、少しだけ利益をいただく」――。

こんな感覚でいいのです。

効率の良い情報収集と、自分に合った投資法をコツコツ続けることが何よりも、自分を守ってくれる武器になります。

8 黒字転換2倍株は、初心者にも簡単に見つけられる

四半期ベースで営業利益・経常利益が黒字転換する企業は、一体どれくらいあるかご存じでしょうか?

たとえば、2021年3月末時点でスクリーニングしたところ、約3800社のうち144社でした。

上場企業が約3800社ある中で、**四半期ベースで黒字転換する企業は、たった3・7%**ほどなのです。3800社の中から有望な企業を選び出すことは、投資初心者の方にはかなり難しいでしょう。そこで、まずは財務データをもとに母数を絞ってしまうことで、銘柄選びはずいぶんとやりやすくなります。

このあと紹介する方法で銘柄を絞っていけば、投資対象になる企業は20社から30社程度にまで絞り込めます。

株式投資で重要なことは、大きく儲けることよりも、大きな負けを減らすことです。退場せずに、生き残り続けることが重要なのです。

9 黒字転換2倍株は、時価総額500億円以下が狙い目！

本書では、黒字転換2倍株の見つけ方と売買のタイミングの見極めをあなたご自身でできるようになるところまでがゴールです。

現状の時価総額を見て、今後その企業が果たして、2倍株になる可能性があるのかどうかといった感覚を、まずは身につけてください。

もし、時価総額が1兆円企業の場合、今からどんなに成長しても時価総額2兆円に拡大することは非常に難しいでしょう。

しかし、時価総額500億円以下の企業が1000億円企業に成長することは、よくあることです。マザーズ市場から東証1部へ市場変更していく企業は、このような成長をたどることが多いです。

10 ホップ、ステップ、ジャンプで資産を増やす！

これから「株式投資を始めてみよう！」という方に向けて、次にどのような投資スタンスで臨めば資産が増やせるのかについて、簡単にご説明します。

ホップ：10万円を80万円に

元手（余裕資金）は、できれば10万円程度からスタートします。それをまずは80万円にすることを目指します。

仮に10万円から始めたとして、それを80万円にするまでには、黒字転換2倍株の候補銘柄に10万円を投資して倍の20万円、次にそれを倍の40万円にすることを目指すというスタンスで進めます。

ビジネスパーソンの感覚であれば、40万円から次の80万円までは、気持ち的に負担なく投資をできる人が多いはずです。

10万円を80万円にする期間は、黒字転換2倍株投資を3回繰り返す必要があります。2〜5年ほどをイメージしておいてください。

ステップ：80万円を800万円に

この80万円の金額で黒字転換2倍株を継続できれば、資産を増やすことができるので、株式投資の醍醐味もこの辺りから出てきます。

ただし、ここのステージは少し踏ん張りが必要です。80万円を黒字転換2倍株に投資して手元資金が160万円までになれば、ここからは、投資スタンスを少し変えます。

まず、160万円を2分割して80万円と80万円にします。80万円は引き続き、黒字転換2倍株投資を継続します。

そして、残りの80万円は「米国高配当銘柄」（章末のコラム参照）などに長期投資するなどして分散させておくことをおすすめします。

次に、黒字転換2倍株投資を継続した分が「80万円→160万円」になったタイミングで必ず利益の「80万円を米国高配当銘柄」などへ分散しておきます。こうして、黒字転換2倍株を10回繰り返すことで、分散しておいた金額で800万円の資産形成を目指します。

このステップのステージでは、黒字転換2倍株で得た利益を減らさないことが大切です。ただし、もう少し攻めたいという人には、次のようなやり方もあります。

2分割した80万円を全て高配当銘柄に回すのではなく、さらに4分割して20万円ずつに分散します。そして、黒字転換2倍株投資をしている中で、「これは、成長株だ！」と可能性を感じた10倍株候補に、20万円を投資するのです。

一方で、残りの60万円は高配当銘柄など、低リスクの金融商品に回します。このように、得た利益を守りつつ、一部の資金を「攻めたいタイミング」で使えるようにしておくのです。

この期間は5年から長くて10年ほどを見ておきましょう。

80万円→160万円→320万円→640万円→1280万円と、倍々に投資していくことも考えられますが、リスクが高く、精神的な負荷も高くなっていきます。

できるだけリスクを分散させるためにも、このような方法をご紹介しています。

ジャンプ：800万円を2000万円に

こうして手元資金が800万円となり、ビジネスパーソンであれば、手元資金＋収入から合わせて月々15万円ずつ積立投資に回すこともラクにできる金額になっているでしょう

（年3％の利回りです）。

これを10年間継続すれば、２０９７万円の資産が形成できます。または、積立投資ではなく、８００万円を米国高配当銘柄に移していくのもありでしょう。

ここで、お伝えしたいのは、黒字転換2倍株で、最後まで資産形成することをすすめているわけではないということです。

ビジネスパーソンで手元資金が少ない人が、1万円を3％利回りで20年間積立投資をしても、３２７万円の資産にしかなりません。

3％の高配当で資産を回して、ある程度、豊かさを感じるためには、手元資金をまずは増やすしかありません。

現金をほとんど持っていないビジネスパーソンの方が、いつまでたっても資産形成できない負のスパイラルの構造から抜け出す1つの方法として、黒字転換2倍株を利用するのです。

富裕層の人は「利回り」で資産を大きくして利益を得ています。

それは、手元資金が大きいから得られるベネフィットです。

ビジネスパーソンの方でも「利回り」で利益を得られる水準にまで手元資金を増やすことに、ぜひ、この書籍を通じてチャレンジしてみてください。

３つのステップで資産形成する！

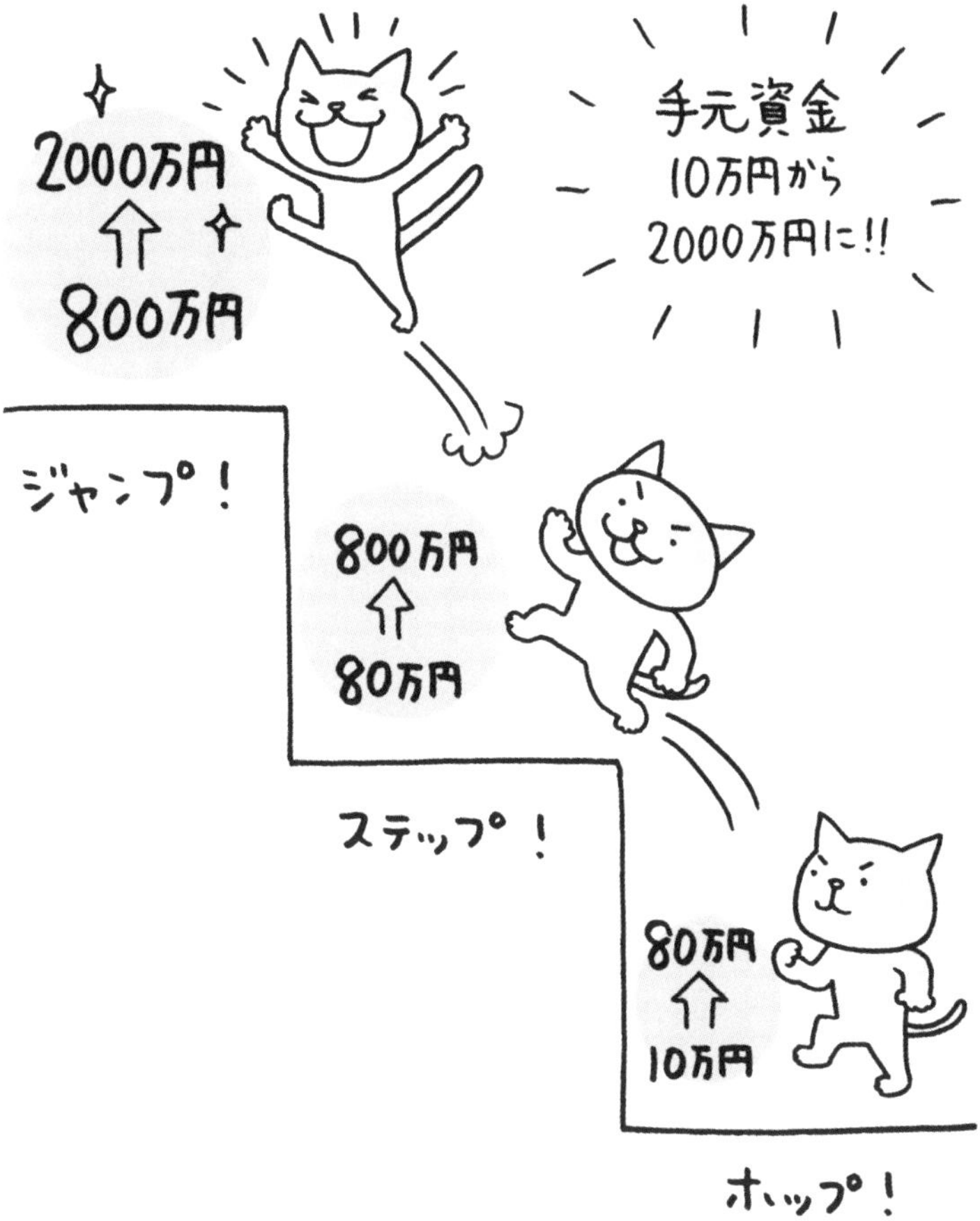

column

米国高配当銘柄に投資する

第1章で、資金の一部を米国高配当銘柄へ分散するやり方について述べました。

米国株には3％以上の高配当を安定的に出し続けている銘柄が数多くあります。配当とは、企業が得た利益の一部を現金で株主に分配することです。米国株の中には30年や40年以上にもわたって連続増配（配当を増やすこと）している銘柄も少なくないです。

また、グローバル的にも有名な大企業が多く、なじみのある企業が多いのも魅力的です。米国株も日本株と同じようにネット証券で簡単に購入できます。

財務内容が良好で、収益基盤が堅いと考えられる銘柄に投資しましょう。

銘柄を選ぶことが難しく感じる方には、ＥＴＦ（高配当銘柄に幅広く分散した上場投資信託）の活用もおすすめです。

ちなみに左の表にあるティッカー（ティッカーシンボル）とは、日本株でいう証券コード（銘柄コード）のことです。

米国高配当銘柄7選

ティッカー	銘柄	利回り	コメント
PG	プロクター・アンド・ギャンブル	2.40%	64年連続増配。パンテーン(シャンプー)やパンパース(おむつ)など高いブランド力を持つ。
AVGO	ブロードコム	3.00%	アップルに半導体を提供。10年連続増配。
KO	コカ・コーラ	3.10%	58年連続増配。2021年はレストランやバー向けでの需要回復が見込まれる。
T	AT&T	6.80%	歴史ある通信持株会社。6.8%の高配当が魅力。減配リスクは低い。
PFE	ファイザー	4.20%	世界最大手の製薬会社の1つでありながら、4%を超える利回り。コロナワクチンで注目。
JNJ	ジョンソン&ジョンソン	2.50%	主力の医薬品事業が堅調。コロナも追い風。
VYM	バンガード・米国高配当株式ETF	3.00%	米国の大型株の中でも、予想配当利回りが市場平均を上回る銘柄に投資。

(2021年4月2日時点)

第2章

黒字転換
２倍株は、
こうして見つける！

1 黒字転換2倍株は「無料」で探せる！

本章では、黒字転換2倍株の見つけ方をご紹介します。

株価500円が1000円になるような2倍株を狙っていきます。地味だけれど、**リスクを嫌う日本人のビジネスパーソンに最もなじみやすい手法**です。

この本は「誰でも、自分で銘柄を見つけられるようになる」ことが目的です。しかも、お金をかけずに「無料」で探せることを大切にしています。

「黒字浮上」のニュースには敏感に

クロテン2倍株を見つけ出すには、後ほど述べるスクリーニングの活用だけでなく、日々のニュースで「黒字浮上」「黒字転換」といったキーワードにも敏感に反応するようにしてください。

決算のニュースで「黒字浮上」といったニュースを見たら、その企業をチェックして、購入予定の銘柄リストに入れておきましょう。リストは手書きのノートでも、エクセルのファイルに記録するなどでもいいです。

忙しい方は、その日に具体的に企業の業績をチェックできないこともあるでしょう。週末など、時間に余裕があるときに、その企業の業績がこの後述べるような黒字転換をしているのかを確認してください。

まずは、「黒字浮上」「黒字転換」のキーワードに敏感になり、リストに銘柄のストックをしておくところから始めてみてください。

2 「通期」ではなく、「四半期」の黒字転換を探すのがコツ

「通期（1年間）」で黒字転換している銘柄ではなく、**「四半期（3か月）」で黒字転換している銘柄を探すことがコツ**です。

通期の黒字転換も、もちろん株価の立ち上がりを示す重要な兆しですが、その一歩手前の四半期での黒字転換を捉えることをおすすめします。銘柄によっては、通期の黒字転換では、既に株価が上昇してしまっていることもあります。

3 継続赤字から「黒字転換」の瞬間を捉える

過去にセミナー登壇の際に紹介した黒字転換銘柄の1例を見てみましょう。2018年第1四半期に四半期で黒字転換した天然水宅配業のプレミアムウォーターホールディングスです。

図2－1を見ると、プレミアムウォーターホールディングスは、2016年第2四半期決算（9月）～2017年第4四半期（本決算）の間、ずっと赤字（営業利益・経常利益）だったことがわかります。そして、黒字転換したのは2018年第1四半期（6月）です。このように継続的な赤字から黒字転換したタイミングをいち早く見つけることで、株価の初動を捉えることができます。

プレミアムウォーターホールディングスの2018年第1四半期の決算（6月）は、2018年8月9日に決算短信が発表されました。この時点で黒字転換が確認できたわけです。その前後の株価の推移を見てみると、株価が1178円から上昇し始めていることがわかります（図2－2）。

図2-1 プレミアムウォーターホールディングス〈2588〉 四半期業績推移

（単位：百万円）

決算期 ▲	区分 ▲	売上高 ▲	(前年比) ▲	営業利益 ▲	(前年比) ▲	経常利益 ▲	(前年比) ▲	当期利益 ▲	(前年比) ▲	EPS ▲
2015/12	3Q	**3,374**	30.2%	**55**	71.9%	**41**	64.0			
2016/03	本	**3,393**	23.4%	**205**	5,225.0%	**188**	1,546.2			
2016/06	1Q	**3,619**	21.6%	**314**	339.7%	**290**	319.7%	[illegible]	[illegible]	[illegible]
2016/09	2Q	**5,237**	58.1%	**-206**	-119.1%	**-258**	-115.0%	**-401**	-718.4%	－円
2016/12	3Q	**5,437**	61.1%	**-30**	-154.5%	**-42**	-202.4%	**-65**	-163.7%	－円
2017/03	本	**5,654**	66.6%	**-647**	-415.6%	**-694**	-469.1%	**-936**	-1,315.6%	－円
2017/06	1Q	**5,929**	63.8%	**-419**	-233.4%	**-500**	-272.4%			－円
2017/09	2Q	**6,840**	30.6%	**-394**	-91.3%	**-470**	-82.2%			－円
2017/12	3Q	**7,132**	31.2%	**-293**	-876.7%	**-360**	-757.1%			－円
2018/03	本	**7,815**	38.2%	**-73**	88.7%	**-229**	67.0%	**-115**	87.7%	－円
2018/06 I	1Q	**8,486**	43.1%	**153**	136.5%	**142**	128.4%	**-73**	85.5%	－円
2018/09 I	2Q	**9,734**	42.3%	**422**	207.1%	**373**	179.4%	**235**	149.2%	8.5円
2018/12 I	3Q	**9,651**	35.3%	**313**	206.8%	**218**	160.6%	**-339**	14.2%	－円
2019/03 I	本	**9,873**	26.3%	**-74**	-1.4%	**-305**	-33.2%	**-135**	-17.4%	－円
2019/06 I	1Q	**10,592**	24.8%	**437**	185.6%	**329**	131.7%	**154**	311.0%	5.6円
2019/09 I	2Q	**11,400**	17.1%	**335**	-20.6%	**251**	-32.7%	**272**	15.7%	9.8円
2019/12 I	3Q	**11,747**	21.7%	**691**	120.8%	**654**	200.0%	**380**	212.1%	13.8円
2020/03 I	本	**11,714**	18.6%	**396**	635.1%	**238**	178.0%	**1,060**	885.2%	38.4円
2020/06 I	1Q	**13,062**	23.3%	**994**	127.5%	**905**	175.1%	**532**	245.5%	19.3円
2020/09 I	2Q	**14,096**	23.6%	**1,134**	238.5%	**1,007**	301.2%	**581**	113.6%	21.0円

ずっと赤字が継続！

黒字転換！

（出所：マネックス証券　銘柄スカウター）

連続して赤字だったのが2018年6月期に
黒字に転換！
このタイミングが狙い目

図2-2 プレミアムウォーターホールディングスの株価チャート〈2588〉（週足　2016年3月～2021年3月）

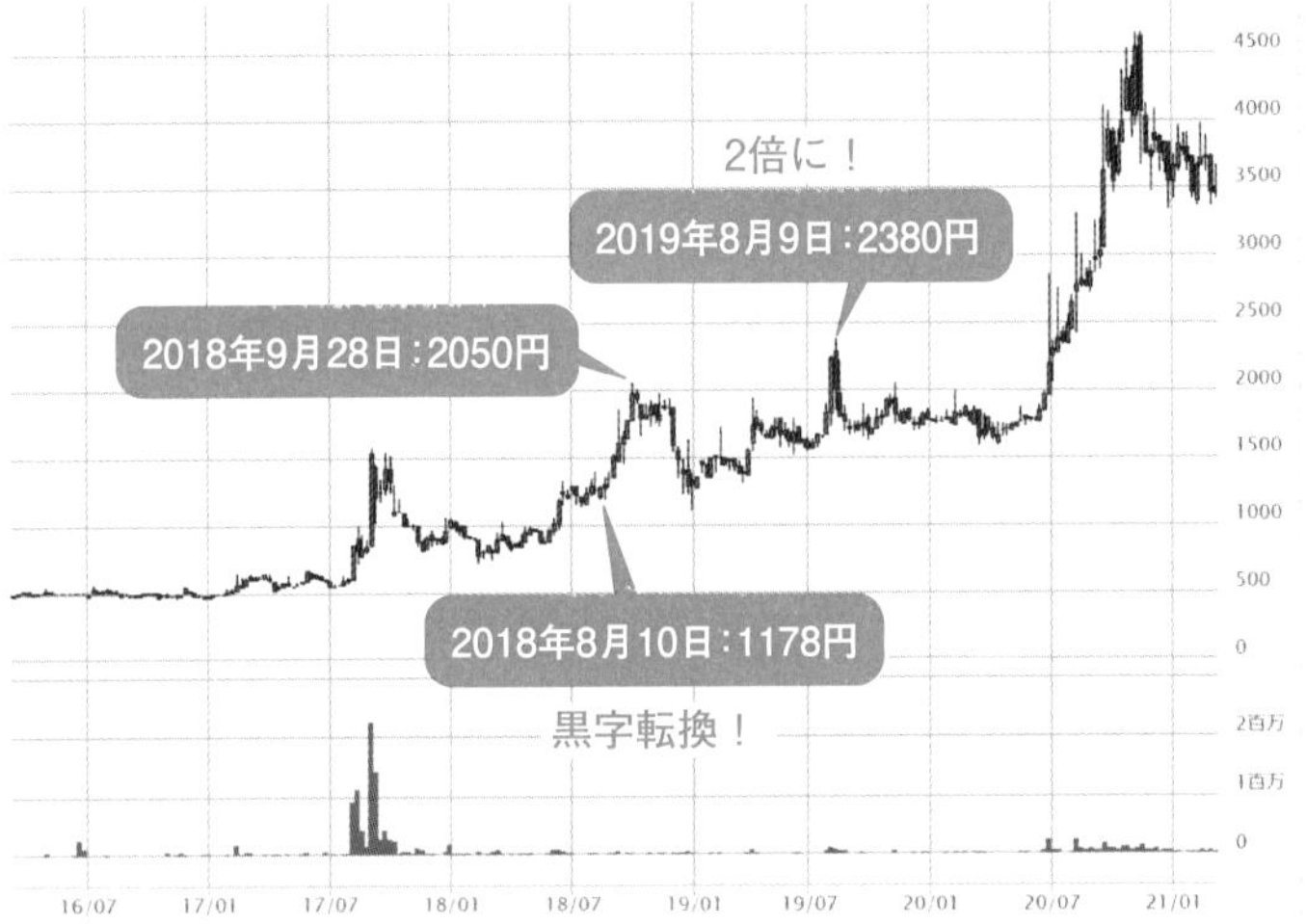

（出所：マネックス証券　銘柄スカウター）

1年後に株価が2倍に！

そして9月28日には、株価が２０５０円と株価は１・７４倍になりました。２倍とまではいきませんが、大幅に上昇しています。

その後、調整（株価の下落）を伴いながら、その約10か月後の２０１９年８月９日には株価２３８０円と2倍以上になっています。

このように、**四半期での赤字継続から黒字転換のタイミングを捉えることが重要**です。必ずしも全ての銘柄がこのパターンに当てはまるわけではありませんが、私のこれまでの実績で見ると銘柄選定をきっちりすることで、70％超えの的中率となっています。

プレミアムウォーターホールディングスは、新型コロナウイルス感染拡大の影響で２０２０年６月以降に既存顧客の宅配水の消費量が増えた結果、株価が上昇しています。ここまでのことは、２０１８年時点では当然予想することはできません。

ただ、ビジネスの内容がコロナ禍でも堅調であった点と、コロナ以前に黒字転換しており、業績推移が階段状にきれいに積み上がっている点が好感されたのです。

危機のときもそうでないときも、業績が堅調に推移する可能性がある企業、堅調に推移している企業が、やはり強いといったことを表している好事例になります。

4 当期純利益ではなく、営業利益・経常利益の黒字転換が重要

本来は、当期純利益が黒字転換することがいちばん望ましいですが、株式市場では企業の業績動向を見る上で**営業利益**と**経常利益**を重視して判断します。

特に、**営業利益は重要**です。なぜなら、営業利益は売上高から原材料費や人件費などの販売費及び一般管理費を差し引いたもので、本業の儲けを表す＝「本業で稼ぐ力」だと考えられているからです。

一方、経常利益は営業利益から本業以外の収益（＋）と費用（－）を反映させたものです。これらの損益を「営業外収益」「営業外費用」と呼びます。

そうすると、営業利益が赤字（営業損失）になったとしても、経常利益が黒字のケースもあります。「本業はダメだったけど、本業以外で何とかして利益を出した」という状態です。**投資家は、営業利益では「本業利益」を確認し、経常利益では「会社全体の利益」を確認**しますので、経常利益も重要な判断材料になります。

また、当期純利益が黒字転換するタイミングはずれることもあります。プレミアム

図2-3 ファーストリテイリングの「IRカレンダー」

東証一部：9983（リアルタイム）
85,650.0（+750.0）
03.26 15:00 現在（日本時間）
▶チャート

- 経営方針
- IRポリシー
- IRニュース
- 財務・業績
- 月次データ
- IRライブラリー
- 株式情報・手続き
- 個人投資家の皆様へ
- IRカレンダー
- 電子公告・決算公告
- IR FAQ
- IR メール配信
- IRお問い合わせ
- IRサイトマップ

IRカレンダー

最終更新日：2021.03.02
to English page

2021年

1月 5日		12月度　国内ユニクロ売上推移速報
1月14日		第1四半期（9-11月）決算発表
1月14日		四半期報告書提出
1月29日		アニュアルレポート2020発行
2月 2日		サステナビリティレポート2021発行
2月 2日		1月度　国内ユニクロ売上推移速報
2月28日		中間決算期
3月1日−4月7日		決算発表前による沈黙期間
3月 2日		2月度　国内ユニクロ売上推移速報
4月 8日	予定	3月度　国内ユニクロ売上推移速報
4月8日	予定	第2四半期（9-2月）決算発表
4月 9日	予定	四半期報告書提出
5月 7日	予定	4月度　国内ユニクロ売上推移速報
5月中旬	予定	中間配当支払開始
5月31日		第3四半期決算期
6月1日−7月14日	予定	決算発表前による沈黙期間
6月 2日	予定	5月度　国内ユニクロ売上推移速報
7月 2日	予定	6月度　国内ユニクロ売上推移速報
7月 15日	予定	第3四半期（9−5月）決算発表
7月15日	予定	四半期報告書提出
8月 3日	予定	7月度　国内ユニクロ売上推移速報
8月31日		決算期
9月 2日	予定	8月度　国内ユニクロ売上推移速報
9月1日−10月13日	予定	決算発表前による沈黙期間
10月 4日	予定	9月度　国内ユニクロ売上推移速報

（出所：ファーストリテイリング　IR）

IRカレンダーには、決算発表予定の
日付が公開されています！

ウォーターホールディングスの例でも、当期純利益が黒字転換するタイミングは、営業利益・経常利益の黒字転換よりも1四半期後ろにずれています（図2-1）。

1四半期のずれですが、業績の好転のギリギリの兆しを早めに把握するためにも、**営業利益・経常利益での判断がおすすめ**なのです。

営業利益・経常利益の数字は各社HPのIRページで確認できます。HPには「IRカレンダー」を掲載している企業が多いです。その中で、**決算発表予定の日付が公開されています。決算発表の日に「決算短信」が公開**されます。

図2-3は、ユニクロを展開するファーストリテイリングの「IRカレンダー」です。

また、株情報サイトの「株探」や「フィスコ」でも確認できますので、チェックしてみてください。

さらに、マネックス証券、楽天証券、SBI証券など各オンライン証券会社が提供しているツールでも無料で確認できます。

5 黒字転換2倍株をスクリーニング機能で探す

では、実際に黒字転換銘柄を探す方法について説明します。

オンライン証券会社に口座開設をすると、各証券会社のスクリーニング機能を利用することができます。

口座開設もスクリーニング機能の利用も、基本は無料です。

マネックス証券、ＳＢＩ証券、楽天証券など、まずは各証券会社に口座開設をすることをおすすめします。

黒字転換2倍株投資術を実践するためには、それらのオンライン証券のスクリーニング機能を使うのが費用もかからず、効率的だからです。

6 マネックス証券のスクリーニング機能で探す

以下では、マネックス証券のスクリーニング機能、「銘柄スクリーニング」を用いた黒字転換銘柄抽出の方法をご紹介します。

まず、マネックス証券の口座にログインして「投資情報」→「スクリーニング」→「ツール」→「マネックス銘柄スカウター」にログインすると、スクリーニング機能が利用できます（図2-4）。

銘柄スカウターの「10年スクリーニング」→「新規作成」まで進めば、スクリーニングの準備完了です（図2-5）。

図2-4 マネックス証券のスクリーニング機能を利用する①

（出所：マネックス証券　銘柄スカウター）

図2-5 マネックス証券のスクリーニング機能を利用する②

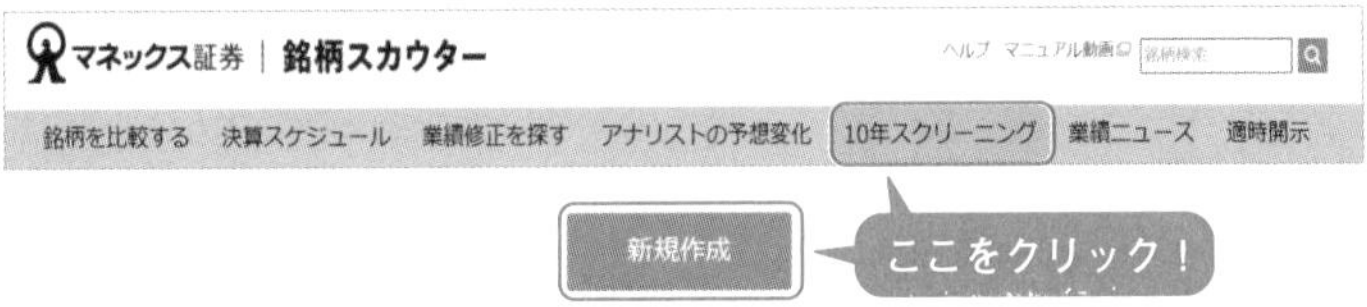

（出所：マネックス証券　銘柄スカウター）

スクリーニング機能を
利用するには、
口座開設が必要です

マイスクリーニングを利用する

ここから、マイスクリーニングの開始です（図2－6）。

市場は**「東証1部」「東証2部」「東証マザーズ」「東証JASDAQ」**がおすすめです。業種は絞らずに「全部チェック」します。**「時価総額」は500億円以下**がおすすめです。ただし、コロナショックで時価総額1000億円を超えていても、一時的に営業利益が赤字になっている企業もありますので1000億円までスクリーニング要件に含めても良いです。次に「条件を追加する」をクリックして自分がスクリーニングしたい条件を選びます。

通期業績ではなく、①「四半期業績」をクリックして、②「営業利益」の「黒字転換」と「経常利益」の「黒字転換」をチェックして、③「決定」を押します。2つ同時にチェックします。決定を押すと図2－6の一番下の画面になるので、「スクリーニング」をクリックします。

図2-6 マネックス証券のスクリーニング機能を利用する③

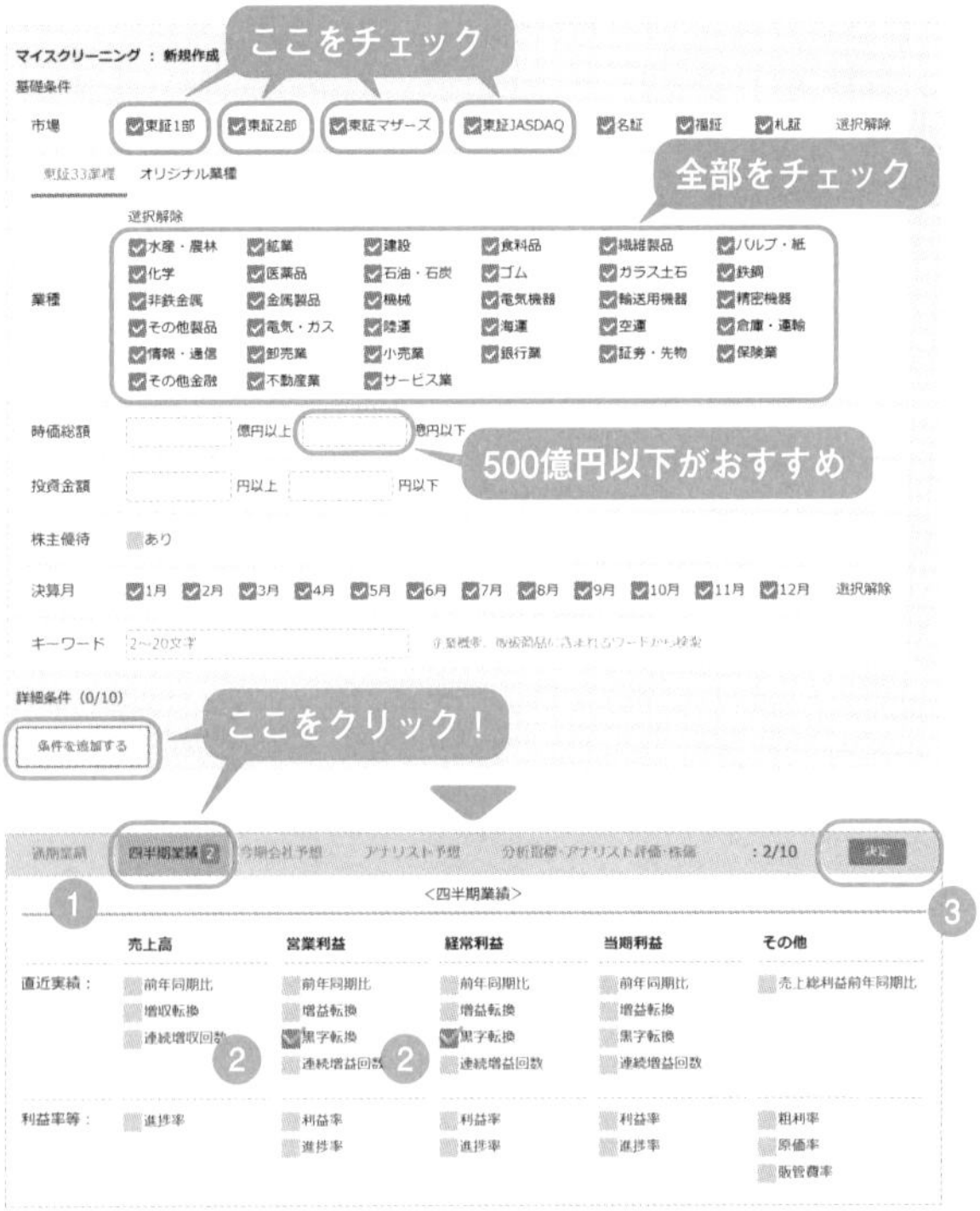

決定を押すとこのような画面になり、「スクリーニング」をクリックします。

（出所：マネックス証券　銘柄スカウター）

スクリーニングした結果の対象銘柄数は、62～63ページにあるように198件でした（図2－7、2021年3月12日時点）。

図2－6の下にある「スクリーニング」の箇所をクリックすると、その下に銘柄の一覧が出てきます。その後、**この198銘柄の中から、真の黒字転換銘柄をさらに絞り込みます**。

基本的には198銘柄の1つ1つについて、業績欄を確認していきます。スクリーニングした銘柄をクリックすると、各社のページに飛びます。

そこには「企業情報」「同業他社情報」「決算発表予定」「今期進捗状況」「通期業績推移」「四半期業績推移」「キャッシュフロー推移」などが掲載されていますので、その中の「四半期業績推移」の欄を確認します。「四半期業績」→「業績」の下に売上高と営業利益のグラフと四半期決算の業績推移の一覧表（図2－1と同じ形式）があります。

そこで**営業利益と経常利益が「継続的な赤字→黒字転換」しているかどうかを確認**します。また、その上にある通期業績推移の一覧表の予想で**「今後も黒字が継続しそうかどうか」**などを確認していきます。

この作業はリストアップされた銘柄の数によっても変わりますが、トータルで1時間～3時間ほどで確認できます。

銘柄	終値(03/12)	時価総額	黒字転換(営業利益)[四半期]	黒字転換(経常利益)[四半期]
ＡＭＢＩＴＩＯＮ 3300 東マ 不動産業	790円	54億円	黒字転換	黒字転換
クロスプラス 3320 東2 卸売業	1,248円	96億円	黒字転換	黒字転換
ワイエスフード 3358 東JS 小売業	270円	16億円	黒字転換	黒字転換
フェリシモ 3396 東1 小売業	1,335円	134億円	黒字転換	黒字転換
アグレ都市デザ 3467 東1 不動産業	917円	52億円	黒字転換	黒字転換
Ｇ－ＦＡＣ 3474 東マ 不動産業	543円	37億円	黒字転換	黒字転換
アズ企画設計 3490 東JS 不動産業	1,319円	13億円	黒字転換	黒字転換
日東製網 3524 東1 繊維製品	1,617円	42億円	黒字転換	黒字転換
ベガＣ 3542 東マ 小売業	1,763円	187億円	黒字転換	黒字転換
ネットイヤーＧ 3622 東マ 情報・通信	728円	51億円	黒字転換	黒字転換
ボルテージ 3639 東1 情報・通信	563円	37億円	黒字転換	黒字転換
ファインデックス 3649 東1 情報・通信	1,111円	296億円	黒字転換	黒字転換
アートスパークＨ 3663 東2 情報・通信	1,950円	159億円	黒字転換	黒字転換
ｅｎｉｓｈ 3667 東1 情報・通信	528円	72億円	黒字転換	黒字転換
ホットリンク 3680 東マ 情報・通信	604円	95億円	黒字転換	黒字転換
ブイキューブ 3681 東1 情報・通信	2,700円	664億円	黒字転換	黒字転換
サイバーリンクス 3683 東1 情報・通信	1,895円	196億円	黒字転換	黒字転換
システムズＤ 3766 東JS 情報・通信	610円	24億円	黒字転換	黒字転換
ＢＢタワー 3776 東JS 情報・通信	268円	161億円	黒字転換	黒字転換
ＤＤＳ 3782 東マ 情報・通信	222円	107億円	黒字転換	黒字転換
イメージ情報開発 3803 東JG 情報・通信	578円	12億円	黒字転換	黒字転換
フィスコ 3807 東JG 情報・通信	226円	103億円	黒字転換	黒字転換
アルファクスＦＳ 3814 東JG 情報・通信	892円	22億円	黒字転換	黒字転換
ネクストジェン 3842 東JG 情報・通信	1,453円	37億円	黒字転換	黒字転換
Ａｂａｌａｎｃｅ 3856 東2 電気機器	4,505円	239億円	黒字転換	黒字転換

（出所：マネックス証券　銘柄スカウター）

図2-7 スクリーニングでリストアップした198銘柄はこれ！（一部）

銘柄	終値(03/12)	時価総額	黒字転換(営業利益) [四半期]	黒字転換(経常利益) [四半期]
☆ ルーデンH 1400 東Jグ 建設	358円	45億円	黒字転換	黒字転換
☆ ベステラ 1433 東1 建設	1,843円	154億円	黒字転換	黒字転換
☆ ＪＥＳＣＯＨ 1434 東2 建設	561円	37億円	黒字転換	黒字転換
☆ 中外鉱業 1491 東2 非鉄金属	34円	99億円	黒字転換	黒字転換
☆ シンクレイヤ 1724 東Jス 建設	773円	31億円	黒字転換	黒字転換
☆ 工藤建 1764 東2 建設	2,269円	30億円	黒字転換	黒字転換
☆ アジアゲートH 1783 東Jス 建設	49円	29億円	黒字転換	黒字転換
☆ 四電工 1939 東1 建設	2,920円	237億円	黒字転換	黒字転換
☆ 日本工営 1954 東1 サービス業	3,035円	484億円	黒字転換	黒字転換
☆ 神田通信機 1992 東Jス 建設	1,133円	30億円	黒字転換	黒字転換
☆ ＦＲＯＮＴＥＯ 2158 東マ サービス業	764円	300億円	黒字転換	黒字転換
☆ イナリサーチ 2176 東Jス サービス業	757円	23億円	黒字転換	黒字転換
☆ 福留ハム 2291 東2 食料品	2,020円	69億円	黒字転換	黒字転換
☆ ソフトフロント 2321 東Jグ 情報・通信	147円	41億円	黒字転換	黒字転換
☆ ＮＪＳ 2325 東1 サービス業	1,986円	200億円	黒字転換	黒字転換

3800近い銘柄の中から
198銘柄がリストアップ
されました

☆ 福留ハム 2291 東2 食料品	2,020円	69億円	黒字転換	黒字転換
☆ ソフトフロント 2321 東Jグ 情報・通信	147円	41億円	黒字転換	黒字転換
☆ ＮＪＳ 2325 東1 サービス業	1,986円	200億円	黒字転換	黒字転換
☆ フォーサイド 2330 東Jス 情報・通信	118円	38億円	黒字転換	黒字転換
☆ オルバヘルスケア 2689 東1 卸売業	1,600円	100億円	黒字転換	黒字転換
☆ フェスタリアH 2736 東Jス 小売業	1,270円	15億円	黒字転換	黒字転換
☆ フィールズ 2767 東1 卸売業	568円	197億円	黒字転換	黒字転換
☆ 日本食品化工 2892 東2 食料品	2,012円	129億円	黒字転換	黒字転換
☆ ファーマフーズ 2929 東1 食料品	2,901円	843億円	黒字転換	黒字転換
☆ バナーズ 3011 東2 小売業	121円	24億円	黒字転換	黒字転換
☆ シーズメン 3083 東Jス 小売業	418円	12億円	黒字転換	黒字転換
☆ スーパーバリュー 3094 東Jス 小売業	806円	51億円	黒字転換	黒字転換
☆ エストラスト 3280 東1 不動産業	700円	43億円	黒字転換	黒字転換

7 ニセモノの黒字転換銘柄を省く

次に、先ほどの198銘柄の中から、今回たまたまリストアップされた「ニセモノ」の黒字転換銘柄を省いていく（スクリーニング）作業をします。

スクリーニングする方法は、以下の3つです。

1．通期業績の予想

2．営業利益と経常利益の進捗率

3．具体的な事業内容

この3つの観点から、「偽の銘柄」が含まれていないかどうかを選別していきます。

8 「1．通期業績の予想」をチェックする

通期業績の予想を見ていきます。前出の198銘柄の中で、たとえば工藤建設を見てみましょう（図2－8）。

マネックス証券のサイトの「四半期業績推移」の右下にある「表示：展開する」をクリックすると図2－8にある四半期業績推移が表示されます。業績欄から中の業績を見ていくと、継続的な赤字から黒字転換しているわけではなく、2019年第2四半期（2Q）が一時的に赤字になっているだけだったことがわかります。

これだと**「継続的な赤字からの黒字転換したタイミングを狙う」**という黒字転換2倍株のコンセプトとは異なりますので、「偽の銘柄」としてリストから省きます。

赤字から黒字転換した銘柄がその後、持続的に黒字化するかどうかは、その時点で必ずしもわかるわけではありません。

ただし、「通期の見通し」に着目することで、再度赤字転落する可能性がある銘柄を確認することができます。次に、その点について説明します。

図2-8 工藤建設〈1764〉 四半期業績推移

（単位：百万円）

表示：折りたたむ

決算期 ▲	区分 ▲	売上高 ▲	(前年比) ▲	営業利益 ▲	(前年比) ▲	経常利益 ▲	(前年比) ▲	当期利益 ▲	(前年比) ▲	EPS ▲
2016/03	3Q	**6,971**	95.9%	**742**	4,846.7%	**683**	7,688.9%	**410**	228.0%	359.1円
2016/06	本	**5,441**	3.1%	**91**	-73.9%	**67**	-79.4%	**23**	-88.7%	20.2円
2016/09	1Q	**4,119**	60.4%	**263**	874.1%	**239**	11,850.0%	**148**	1,038.5%	129.6円
2016/12	2Q	**3,706**	-8.9%	**52**	-78.7%	**32**	-87.6%	**22**	-86.3%	19.3円
2017/03	3Q	**4,057**	-41.8%	**259**	-65.1%	**235**	-65.6%	**166**	-59.5%	145.4円
2017/06	本	**5,848**	7.5%	**189**	107.7%	**180**	168.7%	**106**	360.9%	92.8円
2017/09	1Q	**3,020**	-26.7%	**-66**	-125.1%	**-81**	-133.9%	**-59**	-139.9%	－円
2017/12	2Q	**3,925**	5.9%	**111**	113.5%	**100**	212.5%	**60**	172.7%	52.6円
2018/03	3Q	**5,677**	39.9%	**470**	81.5%	**453**	92.8%	**363**	118.7%	318.0円
2018/06	本	**4,260**	-27.2%	**120**	-36.5%	**109**	-39.4%	**71**	-33.0%	62.2円
2018/09	1Q	**4,014**	32.9%	**185**	380.3%	**177**	318.5%	**109**	284.7%	95.5円
2018/12	2Q	**5,107**	30.1%	**302**	172.1%	**292**	192.0%	**184**	206.7%	161.2円
2019/03	3Q	**5,896**	3.9%	**391**	-16.8%	**373**	-17.7%	**236**	-35.0%	206.7円
2019/06	本	**4,685**	10.0%	**231**	92.5%	**208**	90.8%	**168**	136.6%	147.2円
2019/09	1Q	**3,317**	-17.4%	**76**	-58.9%	**57**	-67.8%	**69**	-36.7%	60.4円
2019/12	2Q	**4,027**	-21.1%	**-6**	-102.0%	**-26**	-108.9%	**-40**	-121.7%	－円
2020/03	3Q	**5,156**	-12.6%	**323**	-17.4%	**298**	-20.1%	**201**	-14.8%	176.1円
2020/06	本	**6,150**	31.3%	**281**	21.6%	**255**	22.6%	**180**	7.1%	157.7円
2020/09	1Q	**3,517**	6.0%	**61**	-19.7%	**47**	-17.5%	**27**	-60.9%	23.7円
2020/12	2Q	**6,166**	53.1%	**283**	4,816.7%	**266**	1,123.1%	**182**	555.0%	159.4円

（出所：マネックス証券　銘柄スカウター）

一時的に赤字になっていただけだった！

通期業績予想を見て「黒字が継続するかどうか」を判断する

たとえば、データセンターサービス会社のブロードバンドタワーの場合は、四半期の業績を見ると確かに継続的な赤字の後に黒字転換しています（図2－9、2020年3月期の四半期決算）。

しかし、直近の2020年3月期〜2020年12月期を見ると、営業利益と経常利益の黒字幅が徐々に減少してきているのがわかり

図2-9 ブロードバンドタワー〈3776〉四半期業績推移

（単位：百万円）

表示：折りたたむ

決算期 ▲	区分 ▲	売上高 ▲	(前年比) ▲	営業利益 ▲	(前年比) ▲	経常利益 ▲	(前年比) ▲	当期利益 ▲	(前年比) ▲	EPS ▲
2019/03	1Q	3,888	－%	-54	－%	-58	－%	-157	－%	－円
2019/06	2Q	3,372	－%	-143	－%	-149	－%	-185	－%	－円
2019/09	3Q	3,580	－%	-53	－%	-66	－%	-187	－%	－円
2019/12	本	3,820	－%	-53	－%	-79	－%	-383	－%	－円
2020/03	1Q	4,789	23.2%	281	620.4%	270	565.5%	225	243.3%	3.8円
2020/06	2Q	3,894	15.5%	106	174.1%	124	183.2%	81	143.8%	1.4円
2020/09	3Q	3,749	4.7%	77	245.3%	76	215.2%	73	139.0%	1.2円
2020/12	本	3,645	-4.6%	60	213.2%	60	175.9%	-37	90.3%	－円

（出所：マネックス証券　銘柄スカウター）

黒字が徐々に減少してきている！

ます。

そこで、通期の業績を確認してみましょう（図2－10）。

来期の予想は営業利益・経常利益ともに再度、赤字転落となっています（2021年12月期）。

これは、業績が再度悪化するという予想なので、現状は黒字転換していたとしても、いずれ、四半期でも赤字転落することが予想できます。

こういった銘柄も「偽の銘柄」として省いていきます。

このように、「通期業績の予想」を見るだけでも「偽の銘柄」を数多く省くことができます。

図2-10 ブロードバンドタワー〈3776〉 通期業績予想

（単位：百万円）

決算期▲	売上高▲	(前期比)▲	営業利益▲	(前期比)▲	経常利益▲	(前期比)▲	当期利益▲	(前期比)▲	EPS▲	BPS▲
2007/06	**8,478**	16.2%	**748**	-23.0%	**697**	-26.6%	**1,444**	37.5%	24.1円	98.7円
2008/06	**9,783**	15.4%	**358**	-52.1%	**351**	-49.6%	**191**	-86.8%	3.2円	101.7円
2009/06	**10,290**	5.2%	**253**	-29.3%	**245**	-30.2%	**-829**	-534.0%	−円	87.6円
2010/06	**12,812**	24.5%	**739**	192.1%	**704**	187.3%	**292**	135.2%	4.9円	94.3円
2011/06	**14,465**	12.9%	**790**	6.9%	**779**	10.7%	**314**	7.5%	5.3円	85.6円
2012/06	**15,811**	9.3%	**427**	-45.9%	**410**	-47.4%	**11**	-96.5%	0.2円	85.2円
2013/06	**23,528**	48.8%	**986**	130.9%	**845**	106.1%	**293**	2,563.6%	4.9円	89.2円
2014/06	**26,755**	13.7%	**785**	-20.4%	**801**	-5.2%	**238**	-18.8%	4.0円	92.1円
2015/06	**31,697**	18.5%	**769**	-2.0%	**758**	-5.4%	**58**	-75.6%	1.0円	119.0円
2016/06	**34,788**	9.8%	**657**	-14.6%	**553**	-27.0%	**-9**	-115.5%	−円	127.6円
2017/06	**38,987**	12.1%	**846**	28.8%	**767**	38.7%	**427**	4,844.4%	7.1円	134.7円
2018/06	**10,731**	-72.5%	**-80**	-109.5%	**-20**	-102.6%	[illegible]	[illegible]	−円	117.0円
2018/12	**6,296**	-41.3%	**-601**	-651.3%	**-663**	-3,215.0%	[illegible]	[illegible]	2.8円	120.5円
2019/12	**14,660**	132.8%	**-303**	49.6%	**-352**	46.9%	[illegible]	[illegible]	−円	137.8円
2020/12	**16,077**	9.7%	**524**	272.9%	**530**	250.6%	**342**	137.5%	5.7円	141.5円
2021/12予	**15,550**	-3.3%	**-700**	-233.6%	**-715**	-234.9%	**-800**	-333.9%	−円	−円

赤字転換！

（出所：マネックス証券　銘柄スカウター）

2021年12月期の予想は営業利益・経常利益ともに
再度、赤字転落になっている！

9 「2. 営業利益と経常利益の進捗率」をチェックする

次に、営業利益と経常利益の進捗率に注目して、黒字転換が継続するかどうかを判断する方法について説明します。**四半期ごとの決算発表では、営業利益と経常利益の「進捗率」が重要です。**ここからさまざまなことが読みとれます。**進捗率とは、通期の業績予想に対する、四半期ごとの達成率のことです。**進捗率を単純に考えると、1年を4分割した四半期で25%ずつ利益を積み増せば、通期予想が達成できる計算になります。

第1四半期（1Q）で達成率が25%を大きく超えている場合、「会社予想が保守的で今後、上方修正が出るかも」といった読みができます。同じように、第2四半期では50%、第3四半期では75%が目安になります。

黒字転換した四半期の進捗率が以上の目安となる達成率を上回っている場合、業績が予想を上回る可能性があり、黒字転換も継続する可能性が高いのではないか、と判断します。

たとえば、日本食品化工の場合、決算短信を見ると2021年3月期の営業利益の見通しは13億円です（図2-11）。第3四半期（3Q）時点で累計営業利益が15億1400万

図2-11 日本食品化工〈2892〉の決算短信 2021年3月期の営業利益の見通し

2021年３月期　第３四半期決算短信〔日本基準〕（非連結）

2021年1月29日

上場会社名　日本食品化工株式会社　上場取引所　東
コード番号　2892　ＵＲＬ　http://www.nisshoku.co.jp
代表者　（役職名）代表取締役社長　（氏名）髙野瀬　励
問合せ先責任者　（役職名）経理部経理課長　（氏名）山本　明弘　ＴＥＬ　0545-52-3181
四半期報告書提出予定日　2021年2月10日　配当支払開始予定日　－
四半期決算補足説明資料作成の有無：無
四半期決算説明会開催の有無　：無

（百万円未満切捨て）

１．2021年３月期第３四半期の業績（2020年４月１日～2020年12月31日）Ⓐ

（１）経営成績（累計）　（%表示は、対前年同四半期増減率）

	売上高		営業利益		経常利益		四半期純利益	
	百万円	%	百万円	%	百万円	%	百万円	%
2021年３月期第３四半期	34,312	0.7	1,514	－	1,741	968.1	1,253	846.0
2020年３月期第３四半期	34,065	△6.9	△87	－	163	△79.2	132	△76.7

	１株当たり四半期純利益	潜在株式調整後１株当たり四半期純利益
	円 銭	円 銭
2021年３月期第３四半期	254.90	－
2020年３月期第３四半期	26.95	－

（２）財政状態

	総資産	純資産	自己資本比率
	百万円	百万円	%
2021年３月期第３四半期	34,987	19,781	56.5
2020年３月期	34,532	18,703	54.2

（参考）自己資本　2021年３月期第３四半期　19,781百万円　2020年３月期　18,703百万円

２．配当の状況

	年間配当金				
	第１四半期末	第２四半期末	第３四半期末	期末	合計
	円 銭	円 銭	円 銭	円 銭	円 銭
2020年３月期	－	－	－	25.00	25.00
2021年３月期	－	－	－		
2021年３月期（予想）				70.00	70.00

（注）直近に公表されている配当予想からの修正の有無：有
配当予想の修正については、本日公表いたしました「業績予想及び配当予想の修正に関するお知らせ」をご覧ください。

３．2021年３月期の業績予想（2020年４月１日～2021年３月31日）Ⓑ

（%表示は、対前期増減率）

	売上高		営業利益		経常利益		当期純利益		１株当たり当期純利益
	百万円	%	百万円	%	百万円	%	百万円	%	円 銭
通期	44,700	△1.3	1,300	－	1,350	374.6	1,000	319.0	203.30

（注）直近に公表されている業績予想からの修正の有無：有
業績予想の修正については、本日公表いたしました「業績予想及び配当予想の修正に関するお知らせ」をご覧ください。

Ⓐ÷Ⓑで進捗率がわかる！

（出所：日本食品化工　IR）

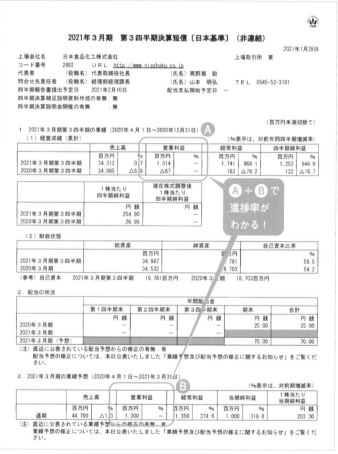

図2-12 四半期業績の進捗率を確認できる

（出所：マネックス証券　銘柄スカウター）

これなら業績の進捗率が
一目でわかります！

円となっており、進捗率が116・5%となり（3Qであれば75%が目安）、大幅に超えていることがわかります。この進捗率の確認は、マネックス証券であれば該当企業のページに、上図のような表示がされますので一目でわかります（図2－12）。

　また、図2－11のように**決算短信**の経営成績（累計）の営業利益と業績予想の営業利益の数字を比較することで、進捗率が確認できます。

10 「3．具体的な事業内容」をチェックする

スクリーニング作業の3つ目が、**「3．具体的な事業内容」**を具体的に見ていくことです。事例を挙げて説明します。

ガーラは、日本・韓国を拠点にスマートフォン・タブレットPC向けゲーム、オンラインゲームの開発と販売をしている企業です。

同社は、四半期業績で赤字から黒字転換していることがわかります（図2－13）。ただ通期業績では来期の予想はまだ出ていません。決算短信では、連結業績予想については、合理的な業績予想の算定が困難であるため記載してありません、と報告しています。

私自身は、「バイオ（創薬）」と「ゲーム」関連の企業は、触らないことにしています。不確定要素が多いからです。

ゲーム業界は、ヒットコンテンツを生み出し続けられるかどうかで業績が大きくブレる業界です。ゲーム業界はコロナ禍で「巣ごもり」需要として大きく拡大した業界にもかかわらず、四半期業績、通期業績の推移を見てもガーラは伸び悩んでいる印象を受けます。

図2-13 ガーラ〈4777〉　四半期業績推移

（単位：百万円）

決算期	区分	売上高	(前年比)	営業利益	(前年比)	経常利益	(前年比)	当期利益	(前年比)	EPS
2016/03	本	106	-43.3%	-36	41.0%	-55	11.3%	-55	19.1%	−円
2016/06	1Q	99	-24.4%	-141	41.0%	-174	26.6%	-171	26.3%	−円
2016/09	2Q	203	73.5%	-116	-43.2%	-111	-30.6%	-112	-34.9%	−円
2016/12	3Q	229	108.2%	-97	-38.6%	-81	-15.7%	-78	22.0%	−円
2017/03	本	193	82.1%	-45	-25.0%	-45	18.2%	-43	21.8%	−円
2017/06	1Q	163	64.6%	-81	42.6%	-83	52.3%	-75	56.1%	−円
2017/09	2Q	144	-29.1%	-85	26.7%	-84	24.3%	-98	12.5%	−円
2017/12	3Q	237	3.5%	-61	37.1%	-55	32.1%	-54	30.8%	−円
2018/03	本	271	40.4%	-33	26.7%	-48	-6.7%	-134	-211.6%	−円
2018/06	1Q	247	51.5%	-76	6.2%	-73	12.0%	-72	4.0%	−円
2018/09	2Q	201	39.6%	-59	30.6%	-51	39.3%	-51	48.0%	−円
2018/12	3Q	242	2.1%	-38	37.7%	-45	18.2%	-50	7.4%	−円
2019/03	本	164	-39.5%	-77	-133.3%	-81	-68.8%	-110	17.9%	−円
2019/06	1Q	118	-52.2%	-68	10.5%	-77	-5.5%	-78	-8.3%	−円
2019/09	2Q	97	-51.7%	-75	-27.1%	-81	-58.8%	-81	-58.8%	−円
2019/12	3Q	105	-56.6%	-47	-23.7%	-37	17.8%	[illegible]	[illegible]	−円
2020/03	本	92	-43.9%	-83	-7.8%	-92	-13.6%	[illegible]	[illegible]	−円
2020/06	1Q	144	22.0%	-93	-36.8%	-93	-20.8%	[illegible]	[illegible]	−円
2020/09	2Q	155	59.8%	-82	-9.3%	-82	-1.2%	-83	-2.5%	−円
2020/12	3Q	272	159.0%	36	176.6%	38	202.7%	41	158.6%	2.2円

黒字転換だが…

（出所：マネックス証券　銘柄スカウター）

図2-14 ガーラ〈4777〉　通期業績推移

決算期	売上高	(前期比)	営業利益	(前期比)	経常利益	(前期比)	当期利益	(前期比)	EPS	BPS
2007/03	1,682	180.8%	-97	-11.5%	-192	-51.2%	-299	-521.1%	−円	98.6円
2008/03	2,945	75.1%	-137	-41.2%	-186	3.1%	-422	-41.1%	−円	83.9円
2009/03	4,071	38.2%	655	578.1%	643	445.7%	328	177.7%	17.5円	126.8円
2010/03	4,247	4.3%	331	-49.5%	278	-56.8%	121	-63.1%	6.5円	171.0円
2011/03	4,559	7.3%	41	-87.6%	3	-98.9%	-271	-324.0%	−円	148.6円
2012/03	4,266	-6.4%	-100	-343.9%	-85	-2,933.3%	-512	-88.9%	−円	114.0円
2013/03	2,169	-49.2%	-820	-720.0%	-865	-917.6%	-2,268	-343.0%	−円	5.0円
2014/03	814	-62.5%	-345	57.9%	-277	68.0%	-263	88.4%	−円	10.1円
2015/03	684	-16.0%	-288	16.5%	-259	6.5%	-271	-3.0%	−円	10.8円
2016/03	464	-32.2%	-426	-47.9%	-447	-72.6%	-470	-73.4%	−円	45.2円
2017/03	724	56.0%	-399	6.3%	-411	8.1%	-404	14.0%	−円	23.6円
2018/03	815	12.6%	-260	34.8%	-270	34.3%	-361	10.6%	−円	10.6円
2019/03	854	4.8%	-250	3.8%	-250	7.4%	-283	21.6%	−円	8.3円
2020/03	412	-51.8%	-273	-9.2%	-287	-14.8%	-432	-52.7%	−円	1.5円

（出所：マネックス証券　銘柄スカウター）

四半期業績で赤字から黒字に転換
していることがわかりますが…

こういった銘柄は省きます。

このように、**1．通期業績の予想、2．営業利益と経常利益の進捗率、3．具体的な事業内容を確認しながら、1つ1つ根気よく省いていきます。**

3つ目の事業内容は、**「どんな事業を手掛けているのか」「業種は何か」「事業内容に安定性や将来性があるか」**という点を確認します。たとえば、コロナワクチン接種が進んだ世の中では、どのような事業や業種が伸びそうでしょうか？　イメージしてみてください。コロナでダメージを受けていた外食や旅行や買い物需要が爆発する可能性が高いです。いわゆるリベンジ消費です。このように、少し先の未来のシナリオをイメージするクセをつけましょう。

11 20〜30銘柄程度のウォッチリストを作成する

先述したように約3800ある上場企業の中から四半期で黒字転換している銘柄は、数がそもそも少ないという点が特徴です。3800銘柄の中から、株価が上昇する可能性がある銘柄を個別に探すよりも、スクリーニングして200社程度に絞ってから1つ1つ確認するほうが、手間が省けます。慣れればそんなに時間はかかりません。上昇銘柄を探し出す確率が高い方法と言えます。

私の場合は、1時間程度でできますが、慣れていない場合には3～5時間ほどかかるかもしれません。でも、5日に分けて1時間ずつ確認していくなど、自分にとって負荷の少ないやり方でやってみてください。

ここまで見てきたように、1つ1つの銘柄の**1．通期業績の予想、2．営業利益と経常利益の進捗率、3．具体的な事業内容**の3つをチェックすることで、約200銘柄から50銘柄程度に絞り込みます。銘柄選定に慣れてきた人は、ぜひ、ここでの時間を長く取って、50銘柄の1つ1つについてさらに細かく調べてみることをおすすめします。

しかし、初心者の方の場合は、この50銘柄について、

「直近のIRニュースはどうか（業績に悪影響を与える情報がないか）」

「PER（株価収益率）が高すぎないか」（第3章で説明）

「株価が低位で推移しているかチャートで確認」（第4章で説明）

「株価が今から、まだ上昇する余地があるか」（第3章、第4章で説明）

などを確認していき、**最終的に20～30銘柄程度のウォッチリストを作成する**ことをおす

図2-15 スクリーニングして絞られた24銘柄のリスト

コード	銘柄	黒字転換・決算発表時期	転換時の株価(安値)	コメント
3479	ティーケーピー	2021年1月14日 営業利益黒字転換	2604円	【コロナ後を見据えて】時間貸しの貸会議室から期間貸しへと柔軟に対応。コスト削減を行い、筋肉質な財務体質に
7013	IHI	2021年2月9日 四半期では赤字継続だが通期黒字見通し	2063円	【再生可能エネルギー関連】アンモニア。バイオマスなどカーボンニュートラル技術に注目
5563	新日本電工	2020年5月15日 営業利益・経常利益黒字転換	142円	【EV関連】EV用リチウムイオンの材料を手掛ける。※2倍を達成しているが、なお300円台。上値余地があるため、この欄に掲載
6472	NTN	2021年1月28日 営業利益・経常利益黒字転換	269円	【再生可能エネルギー関連】風力発電装置の心臓部で使われる主軸、増速機、減速機、発電機などを手掛けているベアリング大手
3680	ホットリンク	2020年11月13日 営業利益・経常利益黒字転換	490円	SNSマーケティング支援事業を展開。2021年2月15日の決算では過去最高の売上高を計上。株価の立ち上がりがまだ鈍いが要チェック銘柄
2321	ソフトフロントHD	2020年11月13日 営業利益・経常利益黒字転換	133円	コミュニケーションソフト開発会社。主力製品は自然会話AIプラットフォーム「commubo」、電話業務自動化サービス「telmee」、遠隔会話サービス「LivyTalk」シリーズ。株価は人気化しておらず、割安放置。要チェック
5401	日本製鉄	2021年2月5日 営業利益・経常利益黒字転換	1294円	【鉄鋼】グローバル景気敏感株として株価の立ち上がりを見せている
7527	システムソフト	2021年2月5日 営業利益・経常利益黒字転換	113円	システム開発会社。賃貸不動産情報サイト「APAMAN」のシステム運営。主力は賃貸不動産業界向け、金融系のシステム開発、DXも手掛ける
6779	日本電波工業	2021年2月5日 営業利益・経常利益黒字転換	738円	過去のチャートから2倍の1400円は難しいかもしれないが1000円までの上昇余地はありそう
7242	KYB	2021年2月9日 営業利益・経常利益黒字転換	2571円	【自動車部材】油圧機器の総合メーカー大手で自動車向け衝撃緩衝器では世界屈指の商品競争力。自動車市場の回復で恩恵
6562	ジーニー	2021年2月12日 経常利益黒字転換、21年通期黒字転換予想	860円	【マーケティング】広告収益最大化プラットフォーム「GenieeSSP」を主軸にマーケティングテクノロジー事業(メディアの広告枠を自動売買)、マーケティングソリューション事業を展開
4222	児玉化学工業	2021年2月12日 営業利益・経常利益黒字転換	449円	【プラスチック加工大手】自動車軽量化で注目
4170	Kaizen Platform	2021年2月12日 営業利益・経常利益黒字転換	1480円	【DX】DXソリューションであるKAIZEN シリーズを展開。難点:PERが高い
3814	アルファクス・フード・システム	2021年2月12日 営業利益・経常利益黒字転換	908円	【アフターコロナ】外食産業専門の情報システム会社。ASPによる基幹業務サービス「飲食店経営管理システム」、POS/セルフレジサービスなど。四半期黒字が継続するかウォッチ
6363	酉島製作所	2021年2月10日 営業利益・経常利益黒字転換	880円	【再生可能エネルギー関連】バイオマス発電所で使われるボイラ給水ポンプを製造
8889	APAMAN	2020年7月31日 営業利益黒字転換	518円	【アフターコロナ】賃貸不動産の仲介・管理
1433	ベステラ	2020年6月9日 営業利益・経常利益黒字転換	1158円	プラント解体工事に特化。株価の立ち上がりが見られる
3474	G-FACTORY	2021年2月12日 営業利益・経常利益黒字転換	449円	【アフターコロナ】飲食店出店・開業など店舗経営サポート、うな丼チェーン店の運営
3649	ファインデックス	2021年2月10日 営業利益・経常利益黒字転換	1091円	【医療システム】医療用データマネジメントシステム「Claio(クライオ)」、文書作成システム「DocuMaker(ドキュメーカー)」が主力製品。来期拡大予想。
7908	KIMOTO	2021年01月29日 営業利益・経常利益黒字転換	168円	【5G】特殊フィルムメーカー。スマートフォン・タブレットPC向けのタッチパネル用薄膜ハードコートフィルム(業界最大手)
6330	東洋エンジニアリング	2020年6月18日 営業利益・経常利益黒字転換	381円	【脱炭素】既に、2倍を達成しているのもの、同社が強みとするアンモニアプラントの超長期ポテンシャルを加味
6664	オプトエレクトロニクス	2021年3月25日 営業利益・経常利益黒字転換	526円	【キャッシュレス】バーコードリーダー大手
4019	スタメン	2021年2月12日 通期営業利益・経常利益黒字転換	1335円	【DX】上場後、株価は下落基調だが、DX企業としての認知度の低さも関係している。今後注目度が上がるタイミングで浮上する可能性がある
4167	ココペリ	2021年2月15日 営業利益・経営利益黒字転換	6800円	【DX】中小企業向けの経営支援プラットフォームを提供。地方銀行57社との提携が強み。人海戦術ではあり得ないスピード感で顧客が拡大

※時価総額1000億円以上を含む

すめします。ちなみに、私が先ほどの198銘柄から実際に絞り込んだのは、図2－15の「24銘柄」です。

12 資金と銘柄を分散して買う

この最終的に残った24銘柄を見ながら、実際にどの企業の株を購入するかを決めていきます。どれにするかは、**①手元の余裕資金で買えるかどうか**、また、**②その会社を買いたいか、応援したいかどうか（好き・嫌い）**などで決めます。

買い方のコツとしては、たとえば、手元に10万円の資金があるとします。この場合は、いきなり10万円で1つの株を買う（1000円×100株）のではなく、まず半分の5万円で買えそうな株価500円前後の株を買ってみます。

そして、さらに伸びそうなら、追加でもう5万円を購入する（または5万円で買える別の黒字転換候補銘柄を買ってみる）という、資金を分割しながら買う方法を試してみてください。さらに余裕資金がある方は、資金とタイミングを3分割、4分割して買ってもいいでしょう。

「卵を1つのカゴに盛るな」という株式投資の格言がありますが、こうした銘柄や資金を分散して買うことを**分散投資**と言います。

最初から、手元資金を全て使ってチャレンジするのは誰でも恐いものです。

でも、この方法なら、思ったように株価が上昇しなかった場合のダメージも小さくて済みます。このように、リスクを分散させながら株を購入していく姿勢も大事です。

もちろん、10万円で1つの株を買うやり方も否定はしません。

私が選んだ銘柄リスト（図2-15）のコメント欄に、事業内容や注意点を記載しましたので、よろしければ参考にしてください。

13 他人より先に、黒字転換2倍株の兆しを掴む

株式市場で利益を得るには、他の人よりも少しだけ先に株価が上昇する銘柄を見つけ出すことです。みんなが気づいてからだと株価が上昇してしまうので、なかなか値幅を取ることが難しいです。株価が上昇している最中に買って高値掴みをしないか、不安に思う人も多いでしょう。

みんなに「良い銘柄だ！」「ここから株価が上がる！」と人気化するのは、通期の業績が黒字転換したタイミングであることが多いです。

でも、よく考えてみてください。

通期で黒字転換する前に、必ず四半期での黒字転換を果たしてから、通期での黒字となるわけです。四半期での黒字転換が初動を捉える根拠になっていることがおわかりいただけるでしょうか。

他人よりも先に、黒字転換銘柄をいち早く見つけることで2倍株の初動を掴むことができるのです。四半期決算の発表がある3か月に一度、スクリーニングを行い、追加された銘柄をチェックします。

その他のスクリーニングツール

以下では、フィスコ、ＳＢＩ証券、楽天証券のスクリーニングツールを紹介します。

私が所属するフィスコが提供している「株～企業情報・おすすめ銘柄『ＦＩＳＣＯ（フィスコ）』」のスクリーニング機能も無料で利用できます。

ＳＢＩ証券、楽天証券も、各証券会社に口座開設した後に無料で利用できます。

14 フィスコのスクリーニングツールで探す

「フィスコ」（https://web.fisco.jp/）のスクリーニングでダイレクトに黒字転換を絞り込む機能はありません。その代わりに、スクリーニングの「ファンダメンタルズ」分析の機能を利用して、黒字転換銘柄に近いものを探すことができます。そのやり方を説明します。

まずトップ画面の「スクリーニング」をクリックします（図2－16）。次にスクリーニング→「条件を編集する」をクリックします（図2－17）。

次に「ファンダメンタルズ」→「①業績」→「②経常利益」→「③使用するを選択」→「④四半期を選択」→「⑤最小値に1を入力」→「⑥最大値に10を入力」→「⑦累計でない」を選択。営業利益でも同様の作業をして、「⑧検索」をクリック（図2－18）すると、条件に該当する銘柄がリストアップされます。

図2-16 「フィスコ」のトップ画面にある スクリーニングをクリック

（出所：「株～企業情報・おすすめ銘柄『FISCO（フィスコ）』」）

図2-17 スクリーニングの条件を編集する①

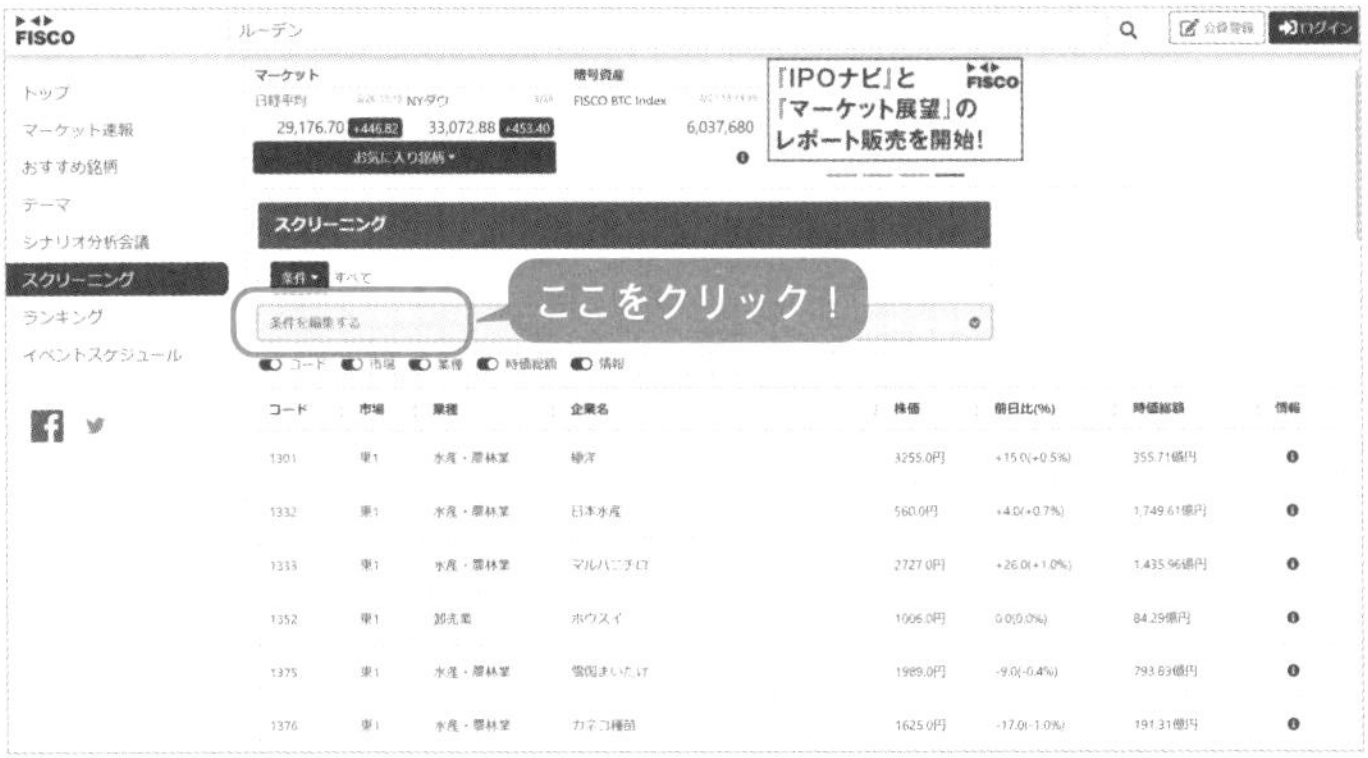

（出所：「株～企業情報・おすすめ銘柄『FISCO（フィスコ）』」）

図2-18 スクリーニングの条件を編集する②

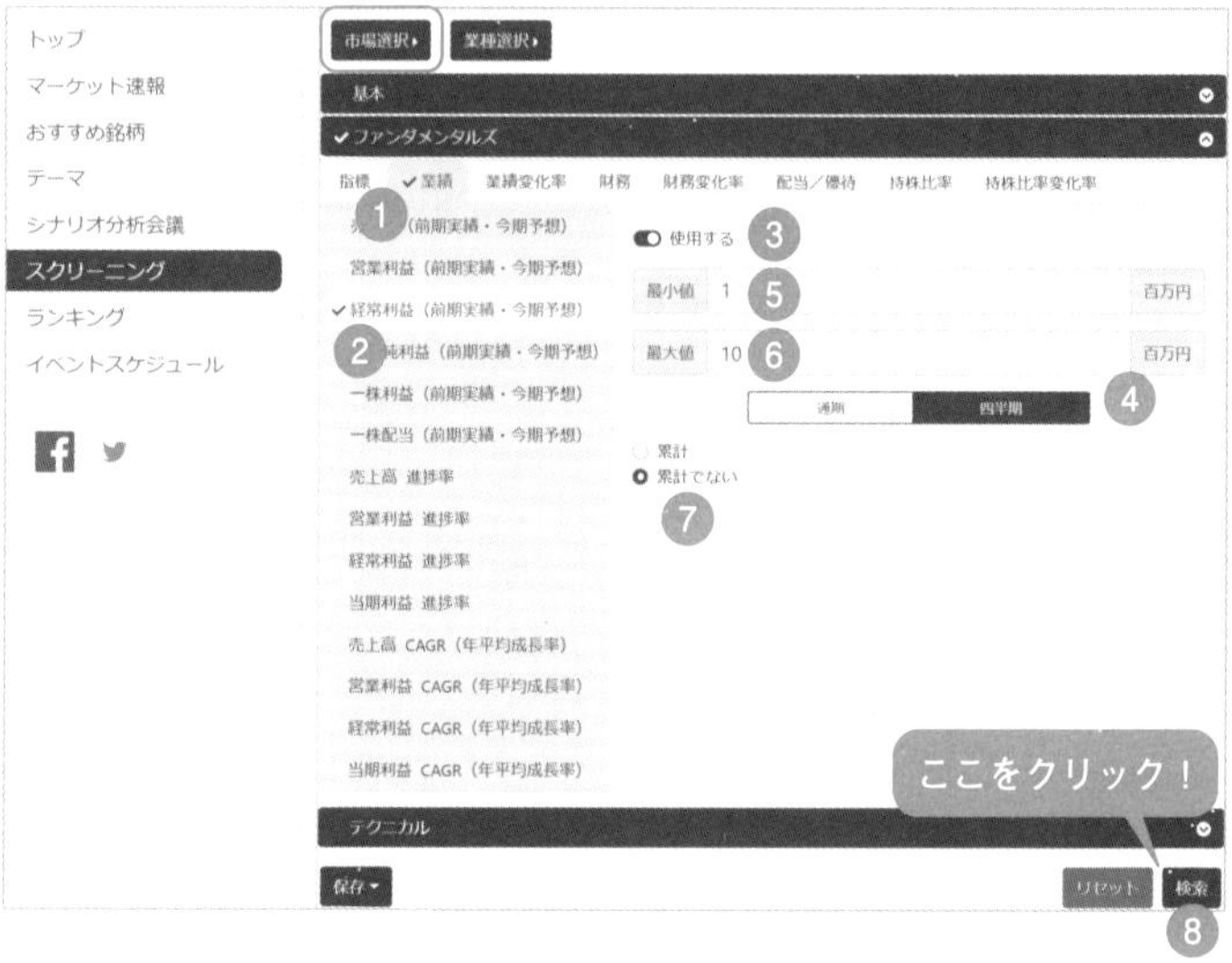

（出所：「株～企業情報・おすすめ銘柄『FISCO（フィスコ）』」）

次に「⑨営業利益」（「⑩経常利益」）をクリックして数値の高い順番に並び替えれば、営業利益（経常利益）が100万円以上～1000万円以下の黒字である企業のリストが掲載されます（図2－19）。

その中から、個別に「業績」「事業内容」「テーマ」を詳しく調べていきます。リストの右端の「⑪情報」の列にあるⓘのアイコンにカーソルを当てると、その銘柄についての業種コメントが閲覧できます。

図2-19 「営業利益」をクリックして並び替える

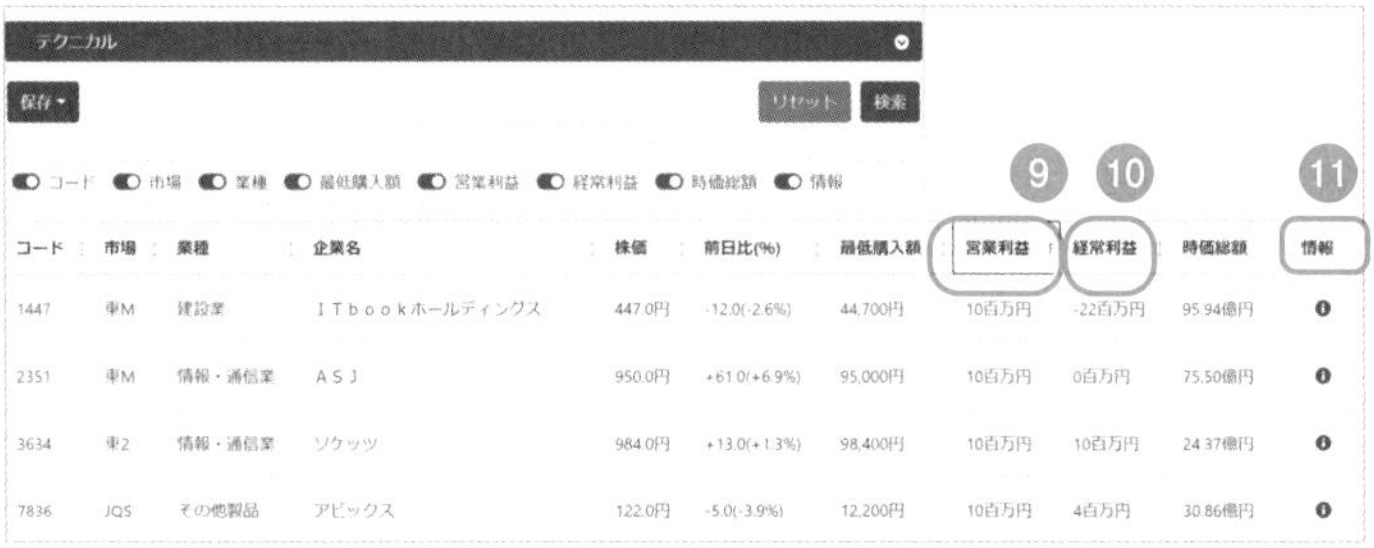

コード	市場	業種	企業名	株価	前日比(%)	最低購入額	営業利益	経常利益	時価総額	情報
1447	東M	建設業	ＩＴｂｏｏｋホールディングス	447.0円	-12.0(-2.6%)	44,700円	10百万円	-22百万円	95.94億円	
2351	東M	情報・通信業	ＡＳＪ	950.0円	+61.0(+6.9%)	95,000円	10百万円	0百万円	75.50億円	
3634	東2	情報・通信業	ソケッツ	984.0円	+13.0(+1.3%)	98,400円	10百万円	10百万円	24.37億円	
7836	JQS	その他製品	アビックス	122.0円	-5.0(-3.9%)	12,200円	10百万円	4百万円	30.86億円	

（出所：「株～企業情報・おすすめ銘柄『FISCO（フィスコ）』」）

100万円以上～1000万円以下の
黒字転換企業はこれ！

「市場選択」「最低購入額」「時価総額」で条件を設定して、銘柄を絞り込む

基本的にはこの作業だけで分析したいところですが、マネックス証券のツールよりも絞り込みが甘いため、自分なりにアレンジしてさらに「絞り込み」の条件を入れていきます。

私の場合は、「市場選択」のところ（図2－18）で、「東証1部」「東証2部」「マザーズ」「JQスタンダード」「JQグロース」の5つに絞り込みます（図2－20）。

さらに、最低購入価格10万円以下の銘柄と時価総額500億円以下の銘柄に絞り込みます。

最低購入価格10万円以下を選択する場合

図2-20 さらに条件を設定して絞り込む

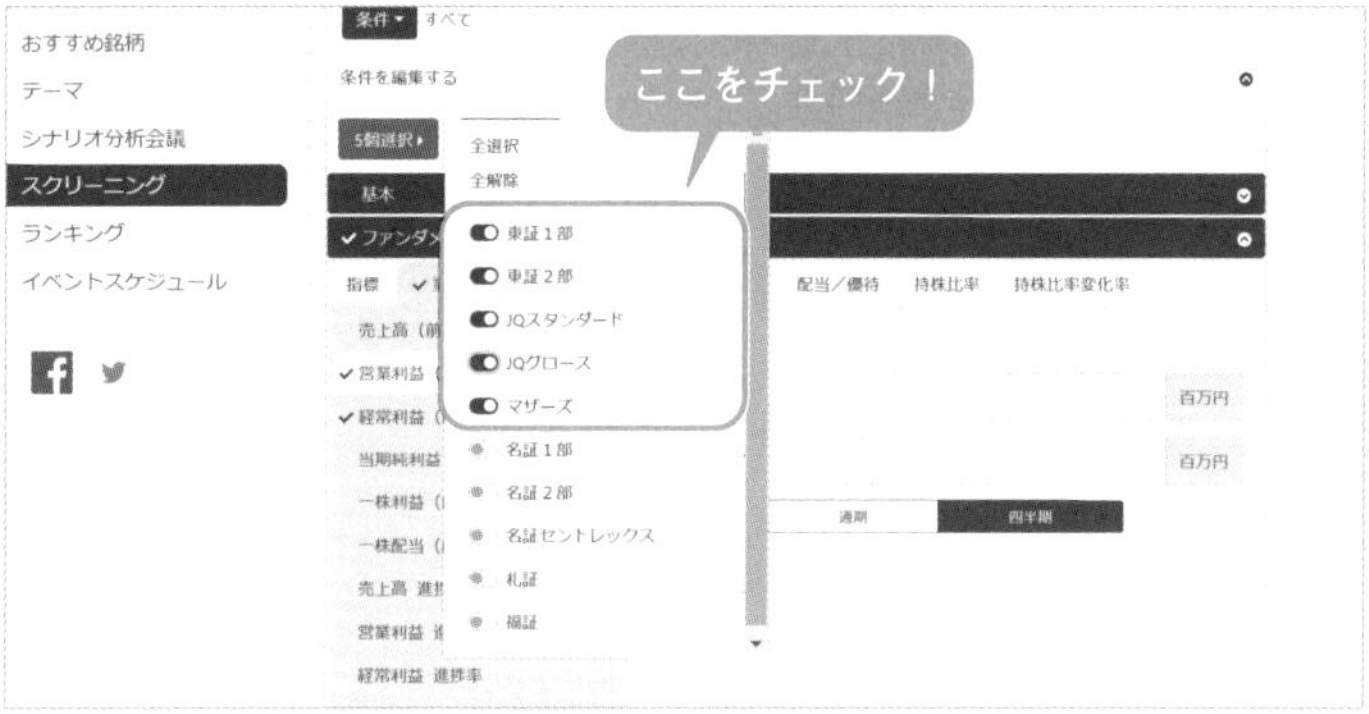

（出所：「株～企業情報・おすすめ銘柄『FISCO（フィスコ）』」）

は、「基本」↓「最低購入額」↓「使用する」↓「最大値10（万円）を入力」↓「検索」とします（図2－21）。

時価総額500億円以下の銘柄の場合は、「基本」↓「時価総額」↓「使用する」↓「最大値500（億円）を入力」↓「検索」とします（図2－22）。

今回は、最低限の条件をご紹介していますが、「最低購入価格20万円以下」や「時価総額1000億円以下」の銘柄まで幅を広げる場合は、ご自身で設定を変更してやってみてください。

図2-21 最低購入価格10万円以下の銘柄に絞り込む

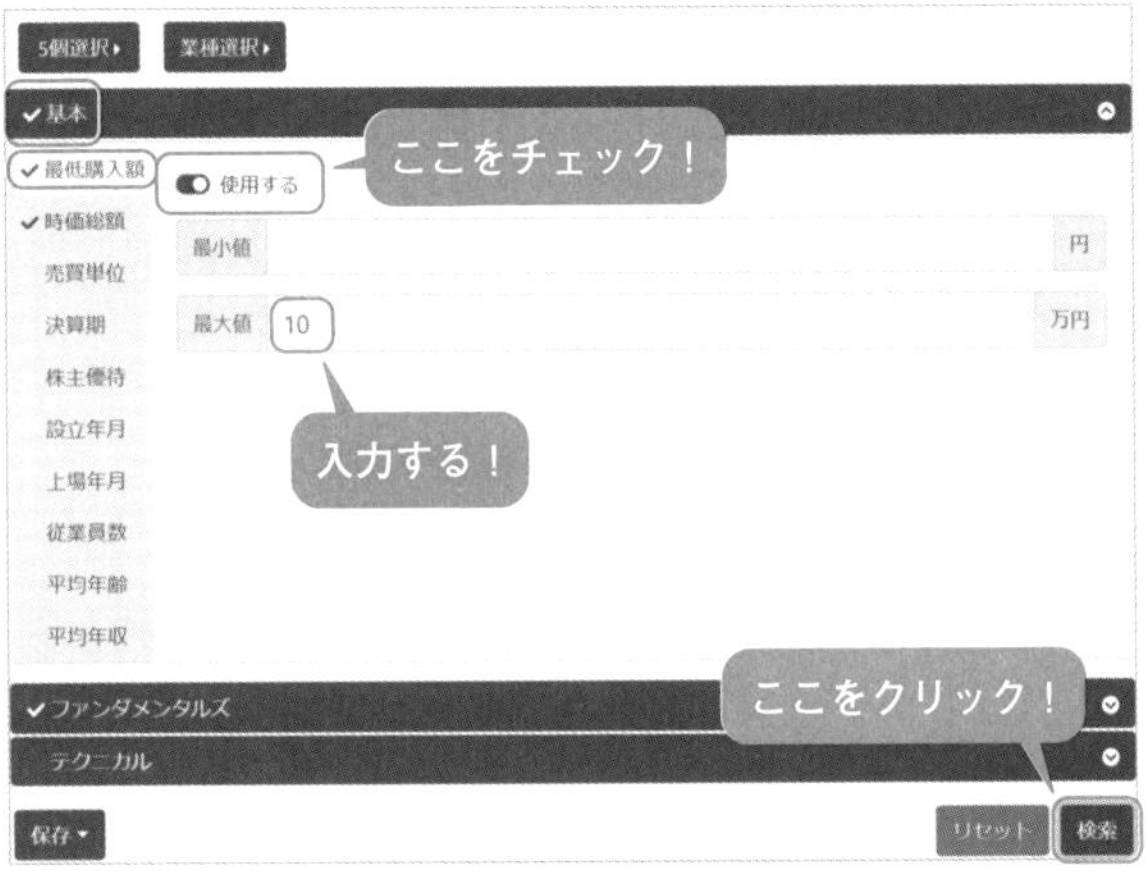

（出所：「株～企業情報・おすすめ銘柄『FISCO（フィスコ）』」）

図2-22 時価総額500億円以下の銘柄に絞り込む

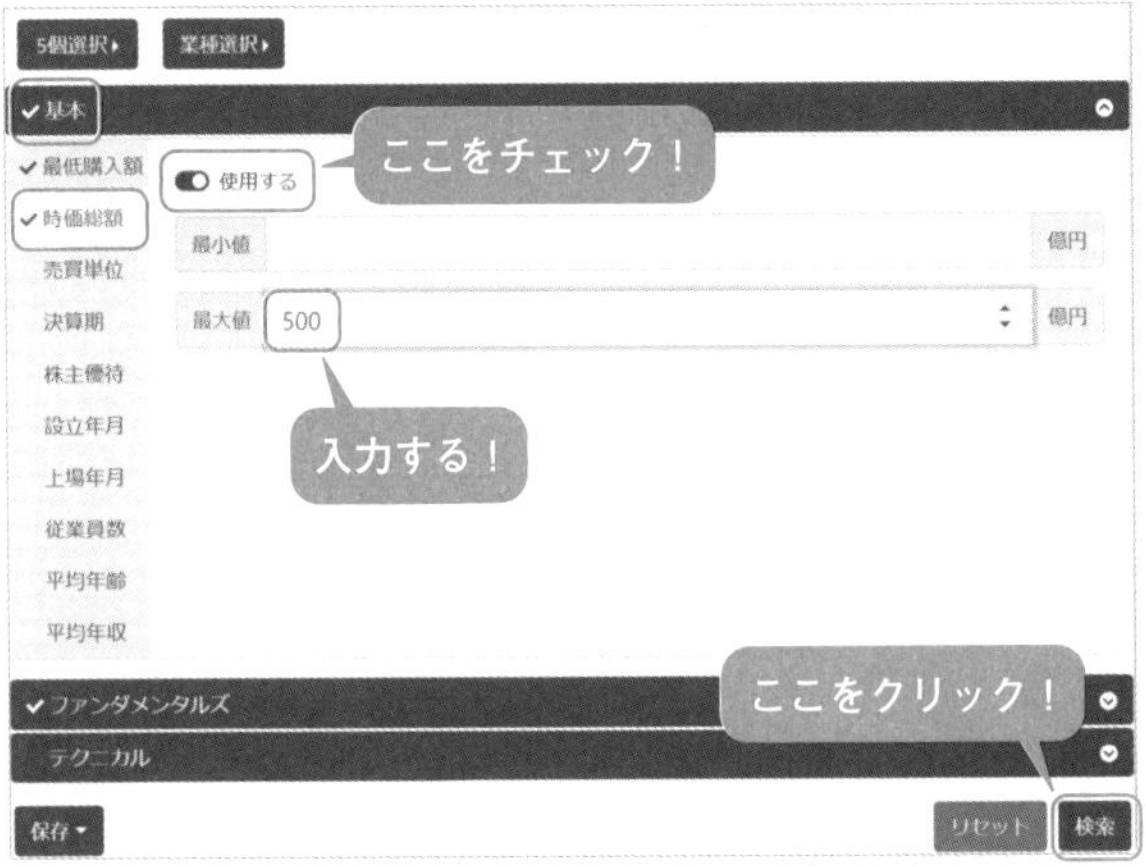

（出所：「株～企業情報・おすすめ銘柄『FISCO（フィスコ）』」）

図2-23 絞った条件を「保存」しておく

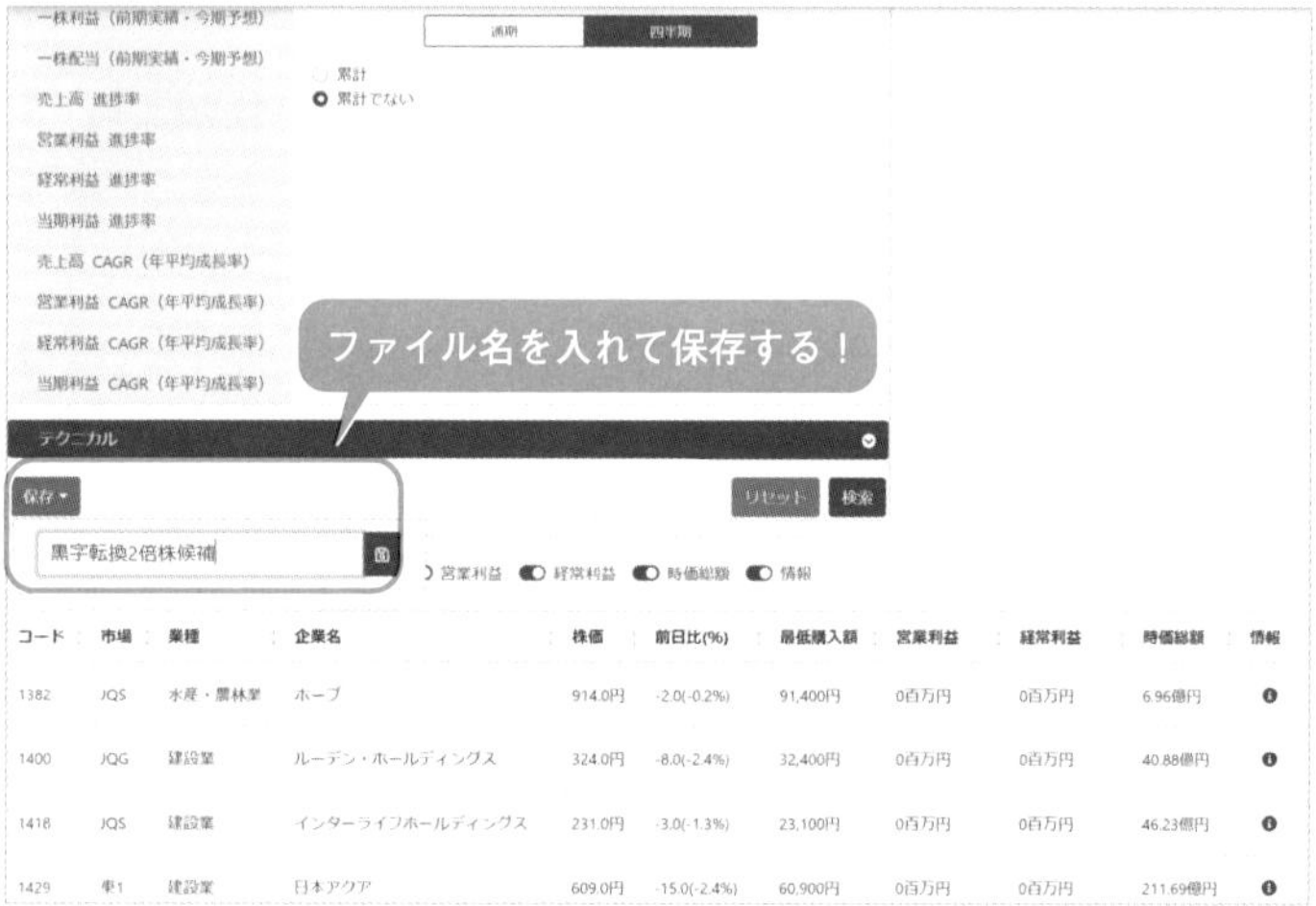

（出所：「株～企業情報・おすすめ銘柄『FISCO（フィスコ）』」）

絞った条件を「保存」しておく

ここまで絞った条件を「保存」しておくと便利です。たとえば、「黒字転換2倍株候補」などと明記して条件を保存します（図2－23）。

保存すると、次からスクリーニングのトップ画面の「条件」から、登録した条件でのスクリーニングを行えるようになります（図2－24）。

こうしてリストアップできたのがリストの一覧です（図2－25）。

これを上から順番に確認していくことが理想ですが、四半期決算のタイミングによっては確認する銘柄が多くなる場合もあります。

図2-24 次回から登録した条件でスクリーニングを行える

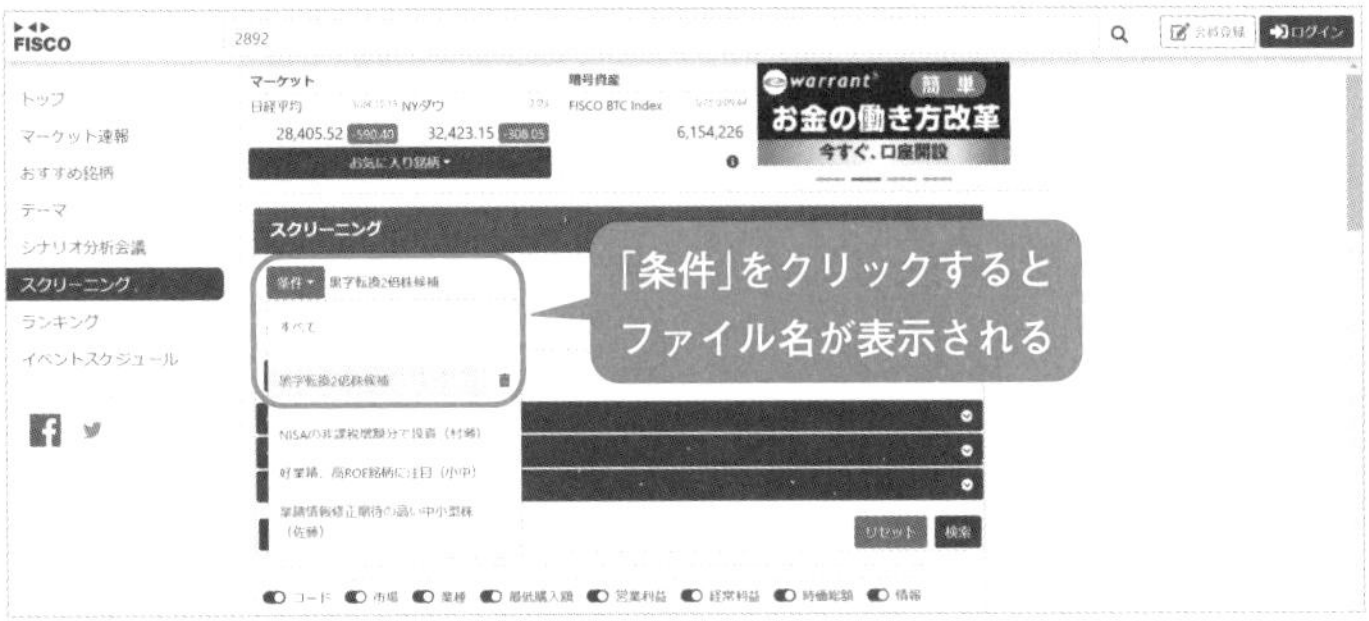

（出所：「株～企業情報・おすすめ銘柄『FISCO（フィスコ）』」）

図2-25 フィスコのスクリーニング機能で抽出したリスト一覧の一部

コード	市場	業種	企業名	株価	前日比(%)	営業利益	経常利益	時価総額	情報
1447	東M	建設業	ＩＴｂｏｏｋホールディングス	438.0円	-3.0(-0.7%)	10百万円	-22百万円	94.01億円	
2351	東M	情報・通信業	ＡＳＪ	800.0円	-9.0(1.1%)	10百万円	0百万円	63.58億円	
3634	東2	情報・通信業	ソケッツ	979.0円	0.0(0.0%)	10百万円	10百万円	24.25億円	
7836	JQS	その他製品	アビックス	115.0円	-1.0(-0.9%)	10百万円	4百万円	28.97億円	
9127	東2	海運業	玉井商船	700.0円	-3.0(-0.4%)	10百万円	-80百万円	13.52億円	
4240	JQG	化学	クラスターテクノロジー	385.0円	-10.0(-2.5%)	8百万円	9百万円	21.92億円	
3011	東2	小売業	バナーズ	119.0円	-3.0(-2.5%)	7百万円	-6百万円	24.08億円	
3803	JQG	情報・通信業	イメージ情報開発	563.0円	-36.0(-6.0%)	7百万円	8百万円	11.71億円	
3306	東2	卸売業	日本製麻	356.0円	+2.0(+0.6%)	5百万円	4百万円	13.08億円	
3726	東2	小売業	フォーシーズホールディングス	448.0円	-2.0(-0.4%)	3百万円	0百万円	33.05億円	
5212	JQS	ガラス・土石製品	不二硝子	1739.0円	+55.0(+3.3%)	3百万円	5百万円	37.25億円	

（出所：「株～企業情報・おすすめ銘柄『FISCO（フィスコ）』」）

その場合は、スクリーニングの結果をスクロールして一覧を眺めながら、

「最近よく上昇率ランキングで目にする銘柄」

「株のニュースでよく目にする銘柄」

など、自分の気になる銘柄を確認するところからスタートしてみてください。

チェック項目は、マネックス証券のときと同じように、

「四半期での黒字転換かどうか」

「通期業績の予想」

「営業利益と経常利益の進捗率」

「具体的な事業内容」

などを確認します。

これも、各企業をクリックしてフィスコのサイト上で確認します。

保存したリストの左端の企業の「コード」をクリックすると、その企業のページが表示されます（図2－26）。タブの「業績」をクリックして、通期業績・四半期業績を確認します（図2－27）。

図2-26 企業の「コード」をクリックすると企業ページが表示される

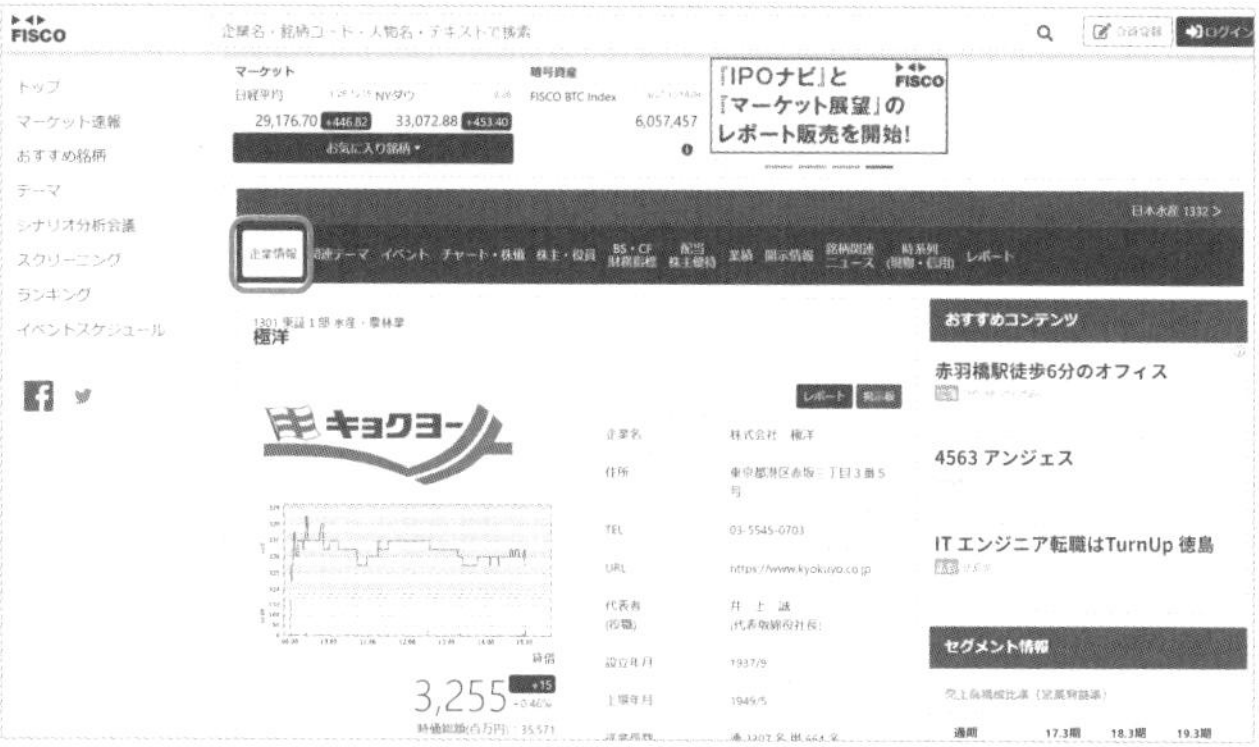

（出所：株～企業情報・おすすめ銘柄『FISCO（フィスコ）』」）

図2-27 「業績」をクリックして通期業績・四半期業績を確認

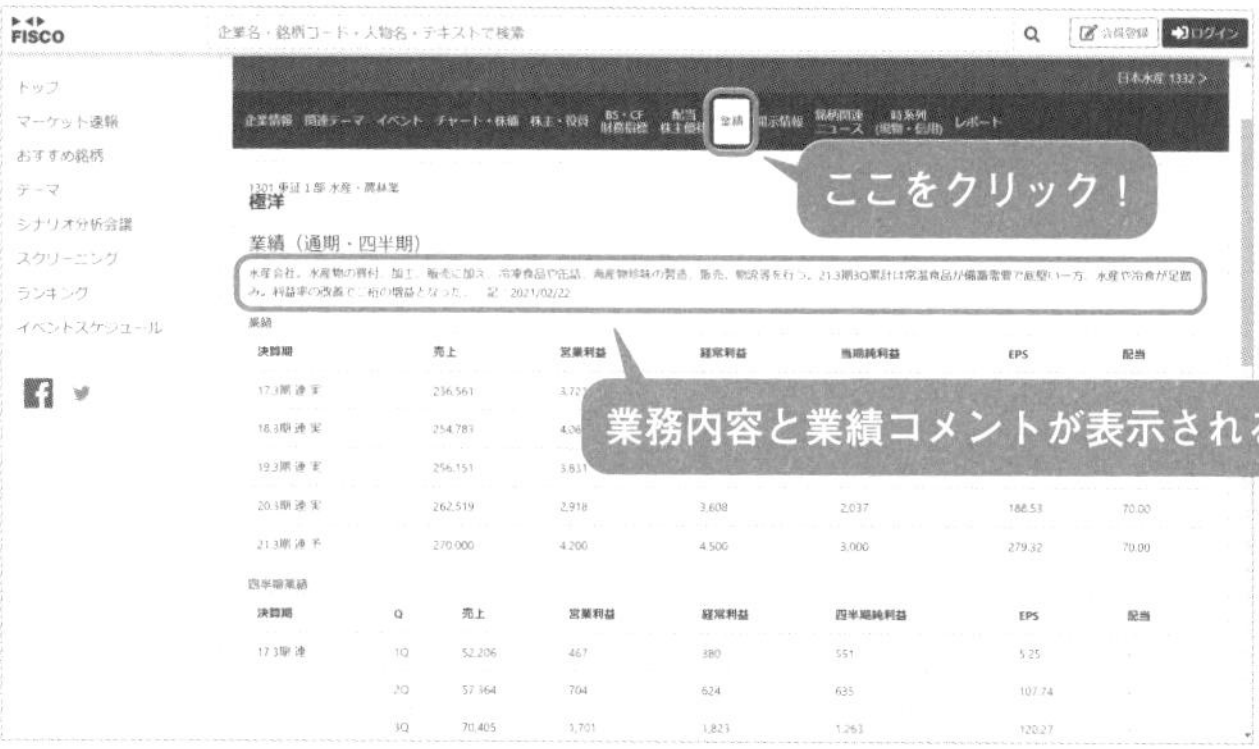

（出所：株～企業情報・おすすめ銘柄『FISCO（フィスコ）』」）

「業績」はページの上に業務内容と直近の業績についてのコメントが表示されます。業務内容を調べる中で、5G、DX（デジタルトランスフォーメーション）、AI（人工知能）、グリーンエネルギー、半導体などそのときの成長性の「テーマ」に合致しているかチェックします。

また、必ずしも成長性の高い「グロース株（成長株）」ではなくても良いです。たとえば、今まで人気がなかった銘柄でも、コロナワクチンの普及を追い風に今後、反転の可能性がありそうか、などもチェックします。

15 SBI証券のスクリーニングツールで探す

次に、SBI証券のスクリーニングツールを見ていきましょう。こちらも黒字転換銘柄をスクリーニングできる機能はありませんので、近いものでスクリーニングをします。

まず、SBI証券のサイトにログインしてトップページの「サービス案内」をクリック（図2-28）→次に「投資情報」をクリック→「銘柄検索・シミュレーションツール」をクリック（図2-29）→「スクリーニング（銘柄条件検索）」をクリック（図2-30）→

図2-28 トップページの「サービス案内」をクリック

（出所：SBI証券）

図2-29 「銘柄検索・シミュレーションツール」をクリック

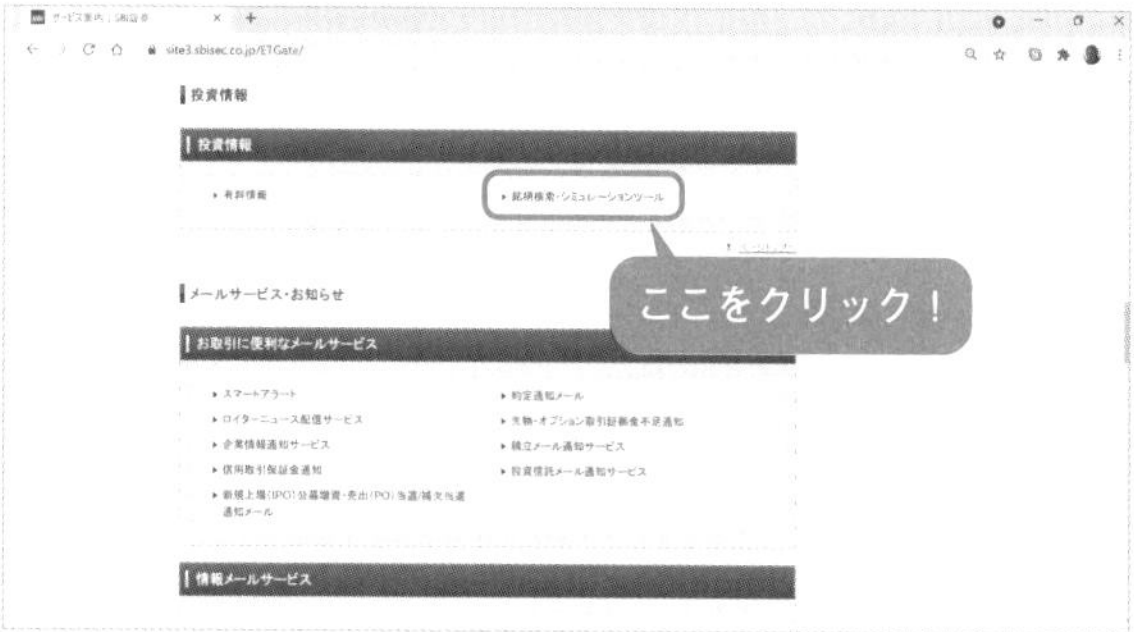

（出所：SBI証券）

銘柄スクリーニングの「スクリーニングはこちら」をクリック（図2－31）→スクリーニングページの「検索条件」→「詳細条件」の「検索条件を追加」をクリック（図2－32）。「詳細条件」の「財務」→「経常利益」を選択し、「適用」をクリックします（図2－33）。

　SBI証券のスクリーニングには「営

図2-30 「スクリーニング（銘柄条件検索）」をクリック

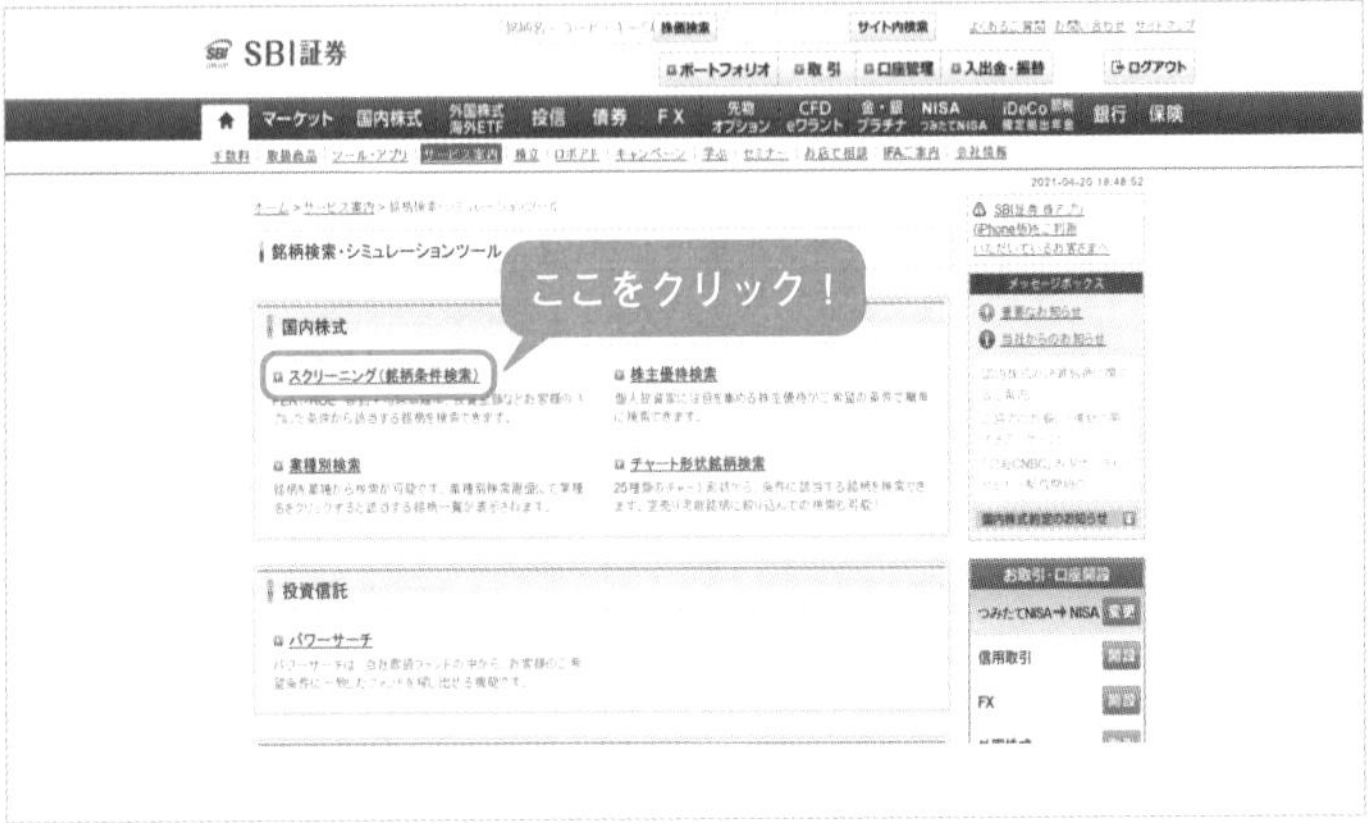

（出所：SBI証券）

図2-31 SBI証券のスクリーニングツールトップ画面

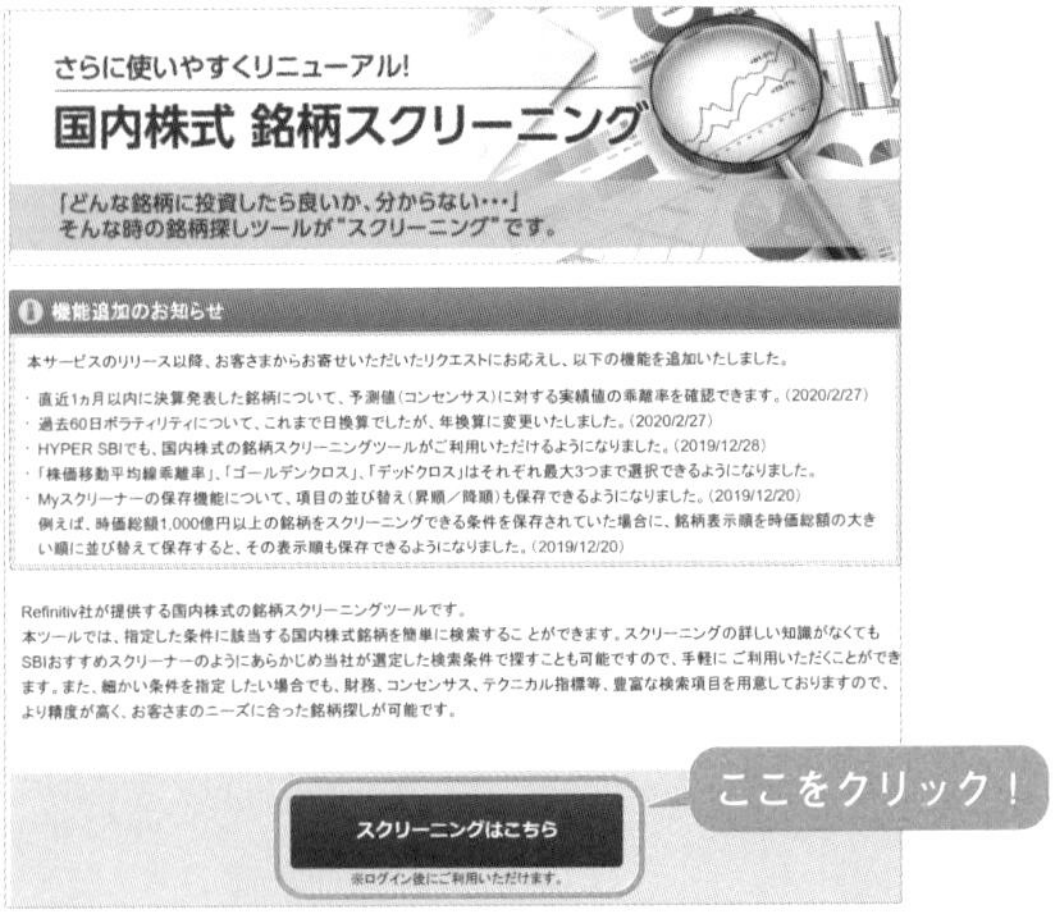

（出所：SBI証券）

図2-32 「詳細条件」をクリック

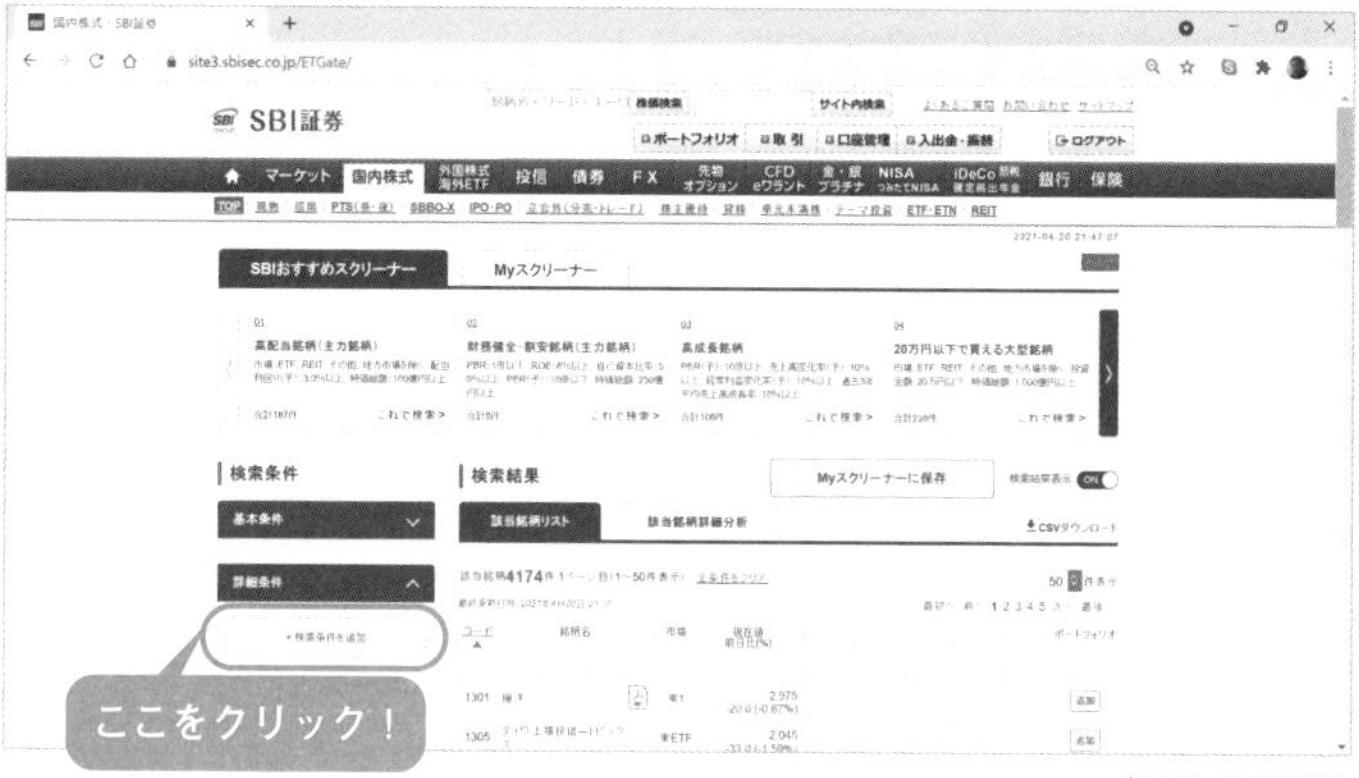

（出所：SBI証券）

図2-33 「経常利益」のみでスクリーニングする

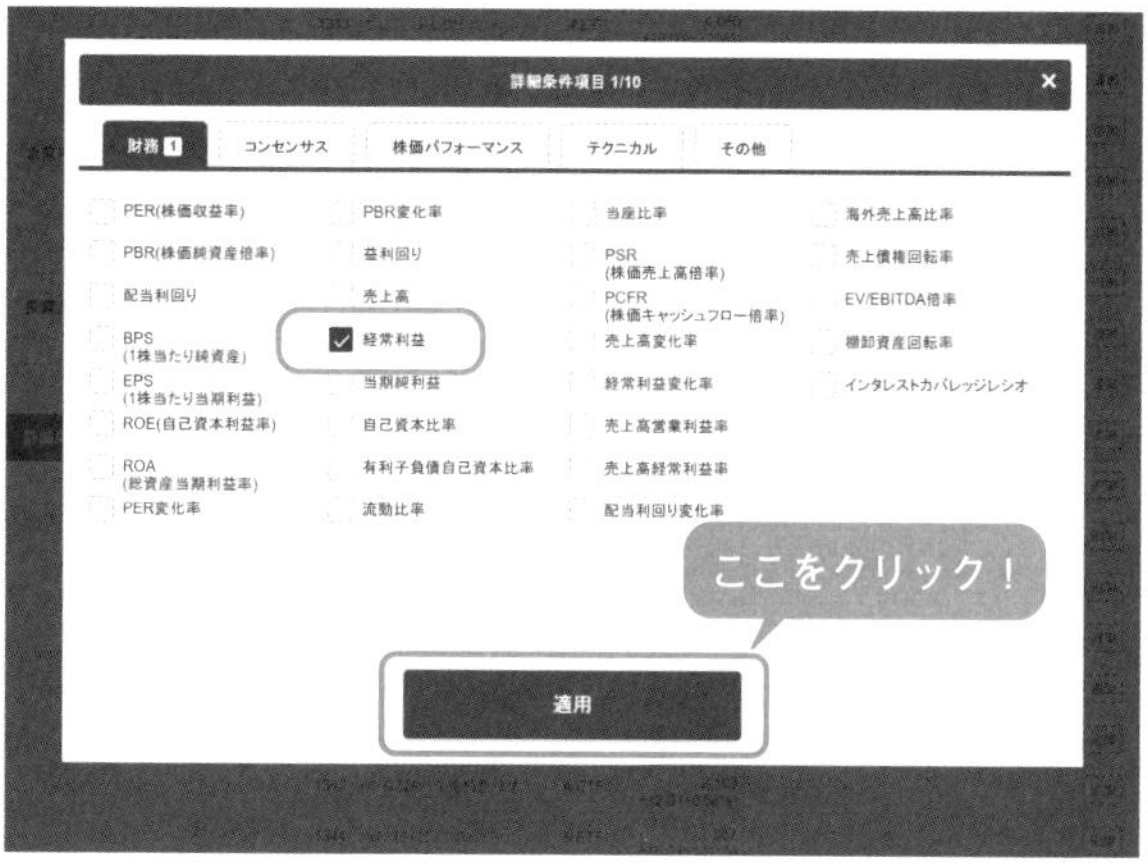

（出所：SBI証券）

図2-34 経常利益を「0〜50」と入力して絞り込む

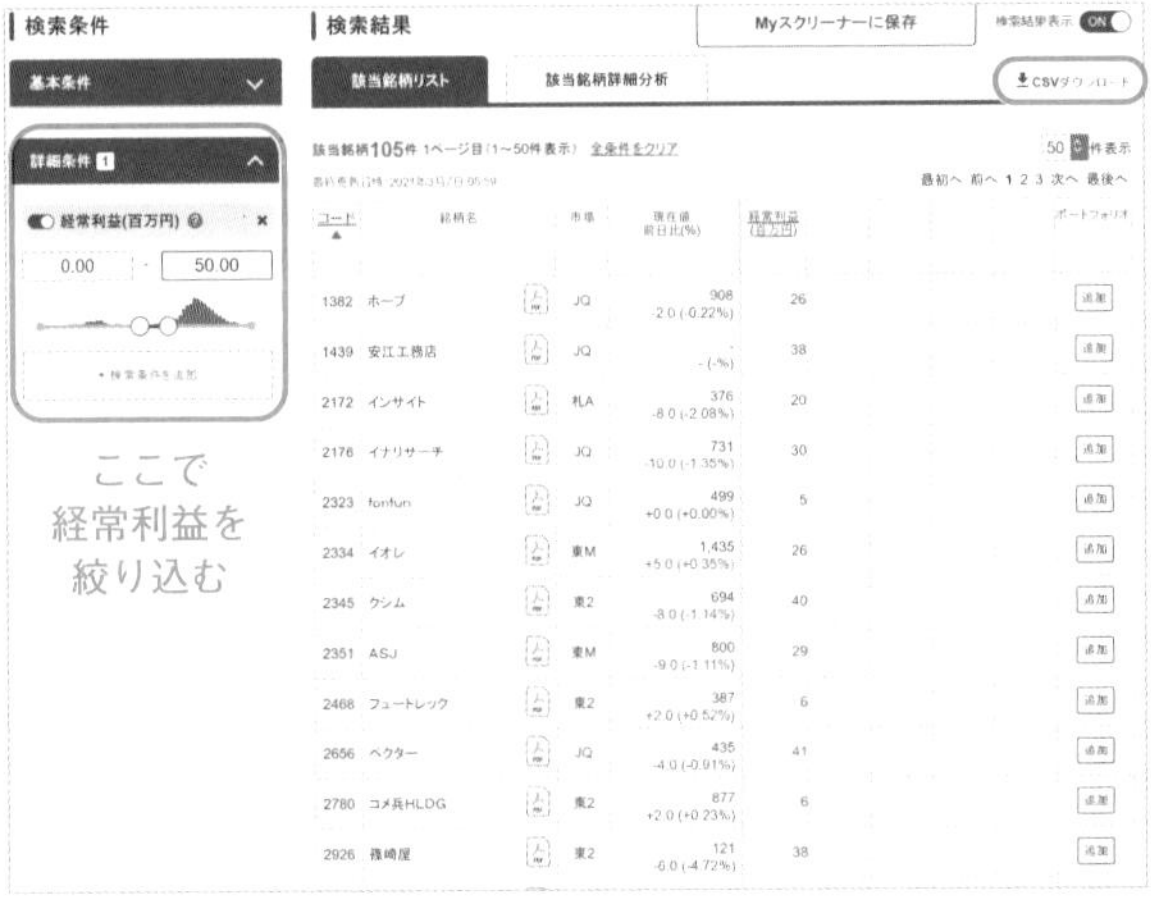

（出所：SBI証券）

業利益」はありませんので、「経常利益」のみで行います。詳細条件の項目で経常利益を「0〜50」と入力し、スクリーニングを行うことで、経常利益で5000万円という黒字ギリギリの銘柄が選定できます（図2-34）。「-1000万〜1000万円」の幅でスクリーニングする場合は、「-10〜10」などアレンジしてやってみてください。

考え方は、フィスコのスクリーニングツールと同じです。

SBI証券の場合は、絞り込まれた銘柄をCSVファイルでダウンロードできますので銘柄管理という観点からは、使い勝手がいいです。この後は、先ほどのフィスコと同様に、個別に「通期業績」「進捗率」「事業内容」等を詳しく調べていきます。

16 楽天証券のスクリーニングツールで探す

次は楽天証券です。楽天証券は「スーパースクリーナー」という機能を利用します（図2－35）。こちらも黒字転換銘柄をスクリーニングできる機能はありませんので、近いものでスクリーニングします。

スクリーニングページの「条件指定」→「詳細検索項目」に進みます。「詳細条件」の「財務」→「経常利益（税引き前利益百万円）を選択」します。楽天証券のスクリーニングにも「営業利益」はありませんので、「経常利益」のみで行います。

経常利益を「0～50」と入力し、スクリーニングを行うことで、黒字ギリギリの銘柄が選定できます（図2－36）。

考え方はフィスコのスクリーニングツールと同じです。同様に、個別に「業績」「進捗率」

図2-35 楽天証券「スーパースクリーナー」を利用する

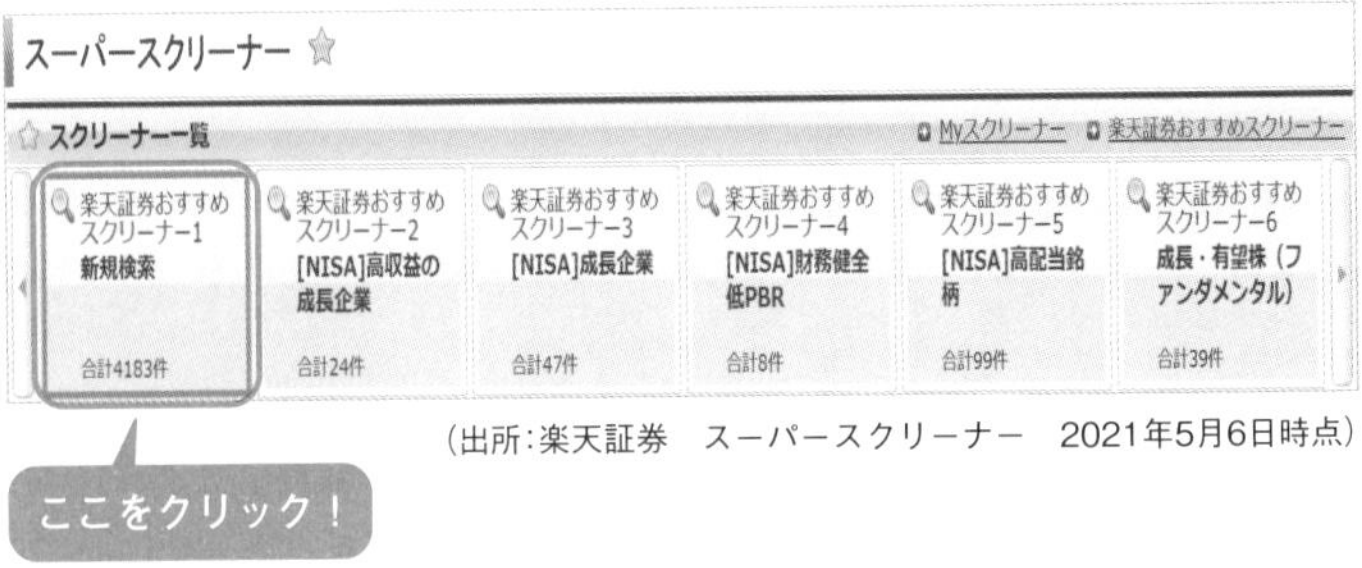

（出所：楽天証券　スーパースクリーナー　2021年5月6日時点）

図2-36 詳細検索項目で条件を設定する

						(百万円)
1382	ホープ	JQ	(連)	908.0	-2.0 (-0.22%)	26
1432	動力	東P	(単)	--	-- (--%)	15
1439	安江工務店	JQ	(連)	--	-- (--%)	38
1440	やまぜんホームズ	東P	(単)	--	-- (--%)	18
1445	ひかりＨＬＤＧ	東P	(連)	--	-- (--%)	49
2176	イナリサーチ	JQ	(単)	731.0	-10.0 (-1.35%)	30
2230	五洋食品産業	東P	(単)	--	-- (--%)	49
2323	ｆｏｎｆｕｎ	JQ	(連)	499.0	0.0 (0.00%)	5
2334	イオレ	東M	(単)	1435.0	+5.0 (+0.35%)	26
2336	富士テクノソリューションズ	東P	(連)	--	-- (--%)	47
2345	クシム	東2	(連)	694.0	-8.0 (-1.14%)	40
2351	ＡＳＪ	東M	(連)	800.0	-9.0 (-1.11%)	29
2468	フュートレック	東2	(連)	387.0	+2.0 (+0.52%)	6
2656	ベクター	JQ	(単)	435.0	-4.0 (-0.91%)	41
2780	コメ兵ＨＬＤＧ	東2	(連)	877.0	+2.0 (+0.23%)	6
2926	篠崎屋	東2	(単)	121.0	-6.0 (-4.72%)	38
2977	Ｌｉｖ－ｕｐ	東P	(単)	--	-- (--%)	8
3063	ジェイグループＨＬＤＧ	東M	(連)	490.0	-1.0 (-0.20%)	8
3175	エー・ピーＨＬＤＧ	東1	(連)	476.0	-2.0 (-0.42%)	11
3178	チムニー	東1	(連)	1400.0	-8.0 (-0.57%)	36
3223	エスエルディー	JQ	(単)	636.0	+1.0 (+0.16%)	17
3266	ファンドクリエーショングループ	JQ	(連)	98.0	-3.0 (-2.97%)	30
3416	ピクスタ	東M	(連)	1079.0	0.0 (0.00%)	26
3419	アートグリーン	名C	(連)	1190.0	0.0 (0.00%)	31
3446	ジェイテックコーポレーション	東1	(単)	3375.0	-180.0 (-5.06%)	34
3456	ＴＳＯＮ	東P	(単)	--	-- (--%)	34
3490	アズ企画設計	JQ	(単)	1330.0	0.0 (0.00%)	48
3541	農業総合研究所	東M	(単)	587.0	-5.0 (-0.84%)	46

（出所：楽天証券　スーパースクリーナー　2021年5月6日時点）

「事業内容」を詳しく調べていきます。

17 底値で買えれば、勝率は格段に上がる

株式投資で利益を得るために、「底値」で買うことができたら……。これは、誰もが妄想することでです。

しかし、個人投資家にありがちな失敗として、「底値で買ったと思ったらさらに株価が下がり大損してしまった」というものがあります。なぜそうなってしまうのでしょうか？

「買った銘柄が良くなかった」
「底値と思ったつもりが底値ではなかった」
「株価が買値から下がっても損切りできなかった」
などの理由が挙げられます。

結論から言えば、底値だと思ったその判断が甘かったということです。本当に底値かどうかは、神のみぞ知るです。

とは言え、できる限り株価が割安、値段が安いときに買うことができれば、値幅が取れ

ることは間違いありません。黒字転換したタイミングというのは、今まで業績が赤字で悪かったため、比較的株価が低い水準にあることが多いのでおすすめなのです。

18 黒字転換銘柄は、株価が安い水準に放置されている

ここまで、四半期決算で黒字転換する銘柄は株価が上昇しやすいと解説してきました。これは言い換えれば、**株価が安い水準に放置されている状態**ということです。わざわざ、底値を予想する必要はなく、**黒字転換銘柄をスクリーニングすること自体で、割安銘柄を自然に抽出している**ことになります。

営業利益が黒字転換した約7か月後に、株価は2・2倍に

では、私が過去のセミナーで紹介したＡＩソリューション企業のＦＲＯＮＴＥＯを見てみましょう。

２０１６年3月本決算～２０１７年第１四半期の間、営業利益、経常利益ともにずっと

図2-37 2017年第2四半期決算で営業利益が黒字転換（FRONTEO〈2158〉四半期業績推移）

（単位：百万円）

決算期 ▲	区分 ▲	売上高 ▲	(前年比) ▲	営業利益 ▲	(前年比) ▲	経常利益 ▲	(前年比) ▲	当期利益 ▲	(前年比) ▲	EPS ▲
2016/03	本	2,954	61.9%	-64	-248.8%	-116	-369.8%	-94	-594.7%	ー円
2016/06	1Q	2,792	61.8%	-176	-700.0%	-245	-1,213.6%	-174	-866.7%	ー円
2016/09	2Q	2,445	-9.3%	-497	-1,283.3%	-531	-53,000.0%	-344	-179.7%	ー円
2016/12	3Q	3,012	-5.2%	-153	-235.4%	-28	-123.7%	-412	-1,156.4%	ー円
2017/03	本	2,958	0.1%	-380	-493.8%	-450	-287.9%	-18	80.9%	ー円
2017/06	1Q	2,677	-4.1%	-662	-276.1%	-680	[illegible]	[illegible]	-162.1%	ー円
2017/09	2Q	3,174	29.8%	14	102.8%	-6	[illegible]	[illegible]	-43.3%	ー円
2017/12	3Q	3,237	7.5%	213	239.2%	220	885.7%	-406	1.5%	ー円
2018/03	本	3,129	5.8%	612	261.1%	450	[illegible]	[illegible]	[illegible]	[illegible]13.8円
2018/06	1Q	2,756	3.0%	158	123.9%	222	[illegible]	[illegible]	[illegible]	3.6円
2018/09	2Q	2,854	-10.1%	38	171.4%	77	[illegible]	[illegible]	[illegible]	1.2円
2018/12	3Q	2,797	-13.6%	44	-79.3%	-31	-114.1%	-54	86.7%	ー円
2019/03	本	2,885	-7.8%	-24	-103.9%	-93	-120.7%	-62	-111.8%	ー円
2019/06	1Q	2,583	-6.3%	-444	-381.0%	-479	-315.8%	-444	-419.4%	ー円
2019/09	2Q	2,326	-18.5%	-331	-971.1%	-348	-551.9%	-494	-1,173.9%	ー円
2019/12	3Q	2,587	-7.5%	-132	-400.0%	-121	-290.3%	-99	-83.3%	ー円
2020/03	本	2,974	3.1%	63	362.5%	-44	52.7%	108	274.2%	2.8円
2020/06	1Q	2,933	13.6%	40	109.0%	41	108.6%	28	106.3%	0.7円
2020/09	2Q	2,114	-9.1%	-200	39.6%	-228	34.5%	-144	70.9%	ー円
2020/12	3Q	2,515	-2.8%	225	270.5%	180	248.8%	103	204.0%	2.7円

黒字転換！

利益の拡大が止まる！

（出所：マネックス証券　銘柄スカウター）

営業利益の拡大が止まった2018年6月期の時点で手放す判断ができます

赤字でした。そして、営業利益は２０１７年の第２四半期決算（11月14日発表）で黒字転換しています（図２－37）。

この事例では、２０１７年11月14日に営業利益が黒字転換してから約７か月後に、株価が１２９８円となり約２・２倍になっています（図２－38）。

黒字転換２倍株投資は、株価が２倍近くになれば利益を確定する方法です。株価を見るとピークとなりましたが、株価のピーク時に必ずしも売り抜けられるとは限りません。

このケースで四半期の業績推移を見てみると、営業利益の拡大が止まった２０１８年第１四半期（６月）の時点で手放す判断ができます。

図２－38を見ると、２０１８年第１四半期の決算（８月14日発表）で営業利益の拡大がいったん止まり、株価も下落を始めています。このタイミングまで株の保有（買いポジション）を引っ張ってしまったとしても仕方ないでしょう。

２０１８年第１四半期の決算発表で営業利益の成長鈍化を見届けた後に売却したとしても、買い値から約１・７倍の株価で利益を得ることができます。

図2-38 営業利益が黒字転換してから約7か月後に株価が約2・2倍に！
(FRONTEO〈2158〉)(週足　2016年3月～2021年3月)

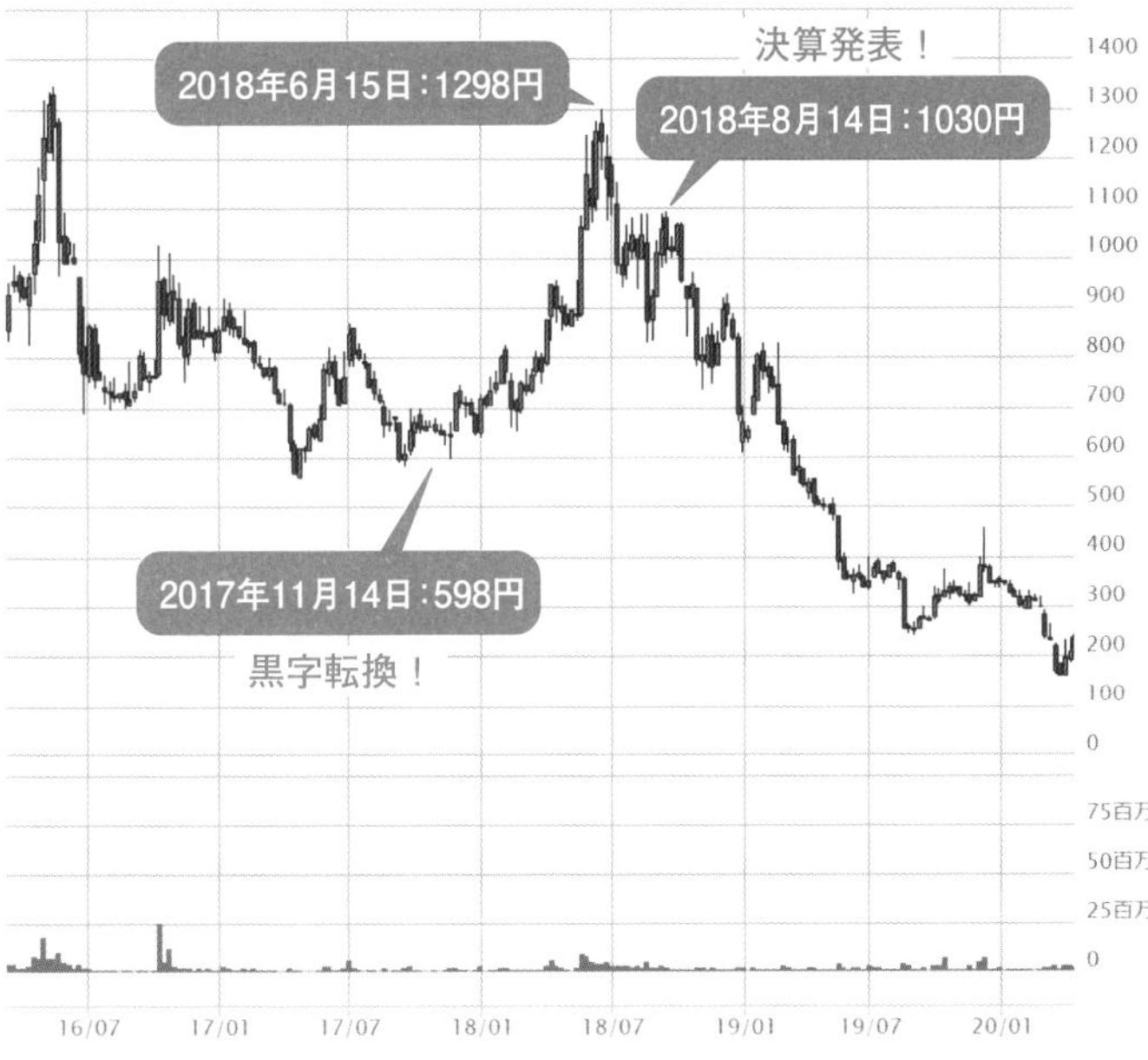

(出所：マネックス証券　銘柄スカウター)

598円→1298円と約7か月で
株価は約2.2倍に

19 四半期ベースで黒字転換の銘柄は、株価が上昇しやすい

ここまで見てきたように、四半期ベースで黒字転換する銘柄はそもそも直前までは赤字で、基本的には人気がない銘柄です。

株価が安い段階でいち早く注目することで、株価の〝初動〟を掴むことができます。

初動を掴むことが投資家にとっていかにメリットであるかということが、上の

図2-39 継続的な赤字が続いている
（田中化学研究所〈4080〉四半期業績推移）

（単位：百万円）

決算期▲	区分▲	売上高▲	(前年比)▲	営業利益▲	(前年比)▲	経常利益▲	(前年比)▲	当期利益▲	(前年比)▲	EPS▲
2016/03	本	3,794	17.7%	-118	-16.8%	-291	-142.5%	437	120.6%	13.4円
2016/06	1Q	4,178	8.3%	-51	-282.1%	-119	-643.8%	-106	-1,077.8%	−円
2016/09	2Q	3,507	1.2%	-53	50.9%	-96	26.2%	-92	-538.1%	−円
2016/12	3Q	2,245	-45.9%	-327	-217.5%	-393	-186.9%	-398	-190.5%	−円
2017/03	本	3,324	-12.4%	25	121.2%	-46	84.2%	-44	-110.1%	−円
2017/06	1Q	5,107	22.2%	259	607.8%	237	299.2%	209	297.2%	6.4円
2017/09	2Q	3,882	10.7%	114	315.1%	100	204.2%	100	208.7%	3.1円
2017/12	3Q	6,168	174.7%	282	186.2%	281	171.5%	255	164.1%	7.8円
2018/03	本	6,256	88.2%	75	200.0%	15	132.6%	117	365.9%	3.6円
2018/06	1Q	7,721	51.2%	220	-15.1%	243	2.5%	201	-3.8%	6.2円
2018/09	2Q	9,167	136.1%	-1	-100.9%	-9	-109.0%	-16	-116.0%	−円
2018/12	3Q	8,826	43.1%	-121	-142.9%	-120	-142.7%	-104	-140.8%	−円
2019/03	本	6,918	10.6%	-592	-889.3%	-635	-4,333.3%	-605	-617.1%	−円
2019/06	1Q	5,161	-33.2%	-153	-169.5%	-166	-168.3%	-143	-171.1%	−円
2019/09	2Q	5,525	-39.7%	-238	-23,700.0%	-244	-2,611.1%	-390	-2,337.5%	−円
2019/12	3Q	4,801	-45.6%	-372	-207.4%	-377	-214.2%	-380	-265.4%	−円
2020/03	本	4,586	-33.7%	-602	-1.7%	-716	-12.8%	-715	-18.2%	−円
2020/06	1Q	4,166	-19.3%	-351	-129.4%	-366	-120.5%	-367	-156.6%	−円
2020/09	2Q	5,829	5.5%	532	323.5%	504	306.6%	346	188.7%	10.6円
2020/12	3Q	5,782	20.4%	-258	30.6%	-286	24.1%	-441	-16.1%	−円

（出所：マネックス証券　銘柄スカウター）

図2-40 **黒字転換した2017年8月8日の1280円から約3か月で株価は約2・3倍に！**
（田中化学研究所〈4080〉）（週足　2016年3月～2021年3月）

（出所：マネックス証券　銘柄スカウター）

田中化学研究所の事例でもわかります（図２－39）。

黒字転換した２０１７年８月11日の１２７５円から、約２か月で２９１８円と株価は約２・３倍になりました（図２－40）。

その後、再び赤字に転落しますが、黒字転換が確認できた２０２０年11月13日の８６２円から、１か月で株価は１５２０円と約１・８倍になりました。

20 10倍株（テンバガー）を見つけられるか？

黒字転換2倍株ではありませんが、投資家の夢の1つとも言える10倍株についてご紹介しましょう。

私が2020年のセミナーから10倍株候補として紹介してきた銘柄にキャリアリンク〈6070〉があります。企業や官公庁向けにDXの人材派遣を行う会社ですが、2020年9月30日の1676円から2021年2月17日には3475円へと約2倍にまで上昇しています。

しかし、2021年3月時点で時価総額が280億円と小さく、PER（株価収益率）も16・2倍台と割高感はありません。今後、押し目（株価が一時的に下がること）を入れながらさらに株価が上昇していく可能性があります。

私の場合、黒字転換2倍株の中で、既に2倍を達成している企業であっても、10倍株の候補として売却しないで継続してウォッチしている銘柄があります。

10倍株になる企業は、最初から探し出すことは当然できませんし、人生の中で、数多く

図2-41 黒字転換後の10倍株のウォッチ銘柄リスト

コード	銘柄	黒字転換・決算発表	転換時の株価
8039	築地魚市場	2021年2月10日　営業利益・経常利益が黒字転換	895円→2460円(2.7倍銘柄へ)
6081	アライド アーキテクツ	2020年5月13日　営業利益・経常利益が黒字転換	250円→723円 2倍を達成しているが、上昇基調継続
4485	JTOWER	2020年5月12日　経常利益が黒字転換	4020円→13050円 3倍銘柄となったが足元調整で、ウォッチ継続
6993	大黒屋 ホールディングス	2020年11月11日　営業利益・経常利益が黒字転換	28円→58円 2倍銘柄となったが、再度赤字転落。再度、黒字転換するタイミングウォッチ継続
6997	日本ケミコン	2020年11月4日　営業利益・経常利益が黒字転換	1350円→2134円 1.5倍銘柄となった、上昇基調継続、ウォッチ継続
3467	アグレ 都市デザイン	2020年11月2日　営業利益・経常利益が黒字転換	642円→1265円 既に上げているが、ウォッチ継続
3751	日本アジア グループ	2020年5月7日　経常利益が黒字転換	237円→1363円(5.7倍銘柄へ)
8089	ナイス	2020年5月29日　営業利益・経常利益が黒字転換	825円→1899円(2.3倍銘柄へ) 既に、随分と上昇してきたが、来期もしばらく加速継続
1400	ルーデンHD	2020年11月12日　営業利益が黒字転換	208円→425円 2倍となったが、上昇基調継続
6699	ダイヤモンド エレクトリック HD	2021年2月12日　経常利益が黒字転換	1860円→4885円(2.6倍) 2倍達成となった後、調整局面で、ウォッチ継続
3680	ホットリンク	2020年11月13日　営業利益・経常利益が黒字転換	490円→809円 2倍を達成しているが上値余地がある

元々好業績の銘柄の中にも10倍株になる銘柄がある。
今回のリストは、黒字転換2倍株候補の中から選定。

出合えるものでもありません。

しかし、黒字転換2倍株の中で、上値余地があるかどうかを時価総額やPER、株価の水準などから考える習慣をつけておくことで、10倍株に出合える確率はぐっと高まります。

スクリーニングした黒字転換2倍株候補の銘柄が、実際に株価2倍を達成したときに、さきほど紹介した手順で、今一度、確認してみてください。

第3章

黒字転換２倍株をファンダメンタル分析で見極める

1 黒字転換2倍株の継続性をチェックする

前章では、証券会社のスクリーニング機能を使って、黒字転換しそうな銘柄、すでに黒字転換している銘柄を抽出できることを説明しました。

しかし、抽出された銘柄の全てが黒字転換2倍株になるわけではありません。株価が上昇していくためには、黒字転換が一時的なものではなく、継続的に続く可能性がありそうかどうかを確認する必要があります。

そのために必要なのがファンダメンタル面からの分析です。ファンダメンタルとは、財務数値や業績面、事業内容や将来性などから銘柄について分析する方法です。既に前章でも、業績の進捗率でチェックする方法などを説明しましたが、本章では、それ以外のファンダメンタル分析の要素について説明します。

1．テーマ株かどうか

2．PER（株価収益率）とPBR（株価純資産倍率）

3．ＩＲ担当者へのヒアリング

の3つについて説明します。

2 ファンダメンタル分析1 テーマ株かどうか

株価の上昇に欠かせないものは、何よりも時流に乗っていることです。時流に乗っている株を**テーマ株**と言います。テーマ株とは、そのときどきに話題となっている材料に関連する銘柄のことを言います。

たとえば、コロナ禍で「巣ごもり」といった言葉を聞いたことがある人も多いでしょう。外出が規制される中で、家で過ごす時間が増えて「ゲーム」「マンガ」「映画」等を自宅で楽しむ方が増えました。この現象そのものが、株式市場では「テーマ株」となり「巣ごもり関連銘柄」という、1つのまとまりとして捉えます。

その他、5G・6G、デジタルトランスフォーメーション（DX）、脱炭素・グリーンエネルギー、電気自動車（EV）、キャッシュレス、リモートワーク、遠隔医療、

GIGA《ギガ》スクール構想など、最近の株式市場で好まれるテーマであるかどうかは、とても重要です。

日頃からテレビや新聞・雑誌、ネットなどのメディア情報や、身の回りで流行っているものなどに敏感になることで、**「テーマとなる可能性のあるトレンドをいち早くキャッチする力」**が徐々に身についてきます。

事例：5G関連銘柄

過去のセミナーで私が紹介した銘柄で、トレンドのテーマに乗った黒字転換2倍株の事例をご紹介します。2018~2019年にかけて、5Gの本命としてアンリツの株価上昇が注目されていました。2019年8月には、小池百合子東京都知事が5Gの通信網拡大に行政として乗り出す方針を表明。通信キャリア大手と連携し、基地局整備を加速させる構えを見せたことで、関連銘柄が強く注目される流れにありました。

まさに、5G関連の中でも、通信計測器に注目が集まっている時期でした。そのトレンドの中で、アルチザネットワークスが、2019年9月5日の決算発表で、2019年7月期の経常損益が従来予想の1億4800万円の赤字から、6600万円の黒字に浮上す

図3-1 アルチザネットワークス〈6778〉の株価チャート（週足　2019年2月〜2021年1月）

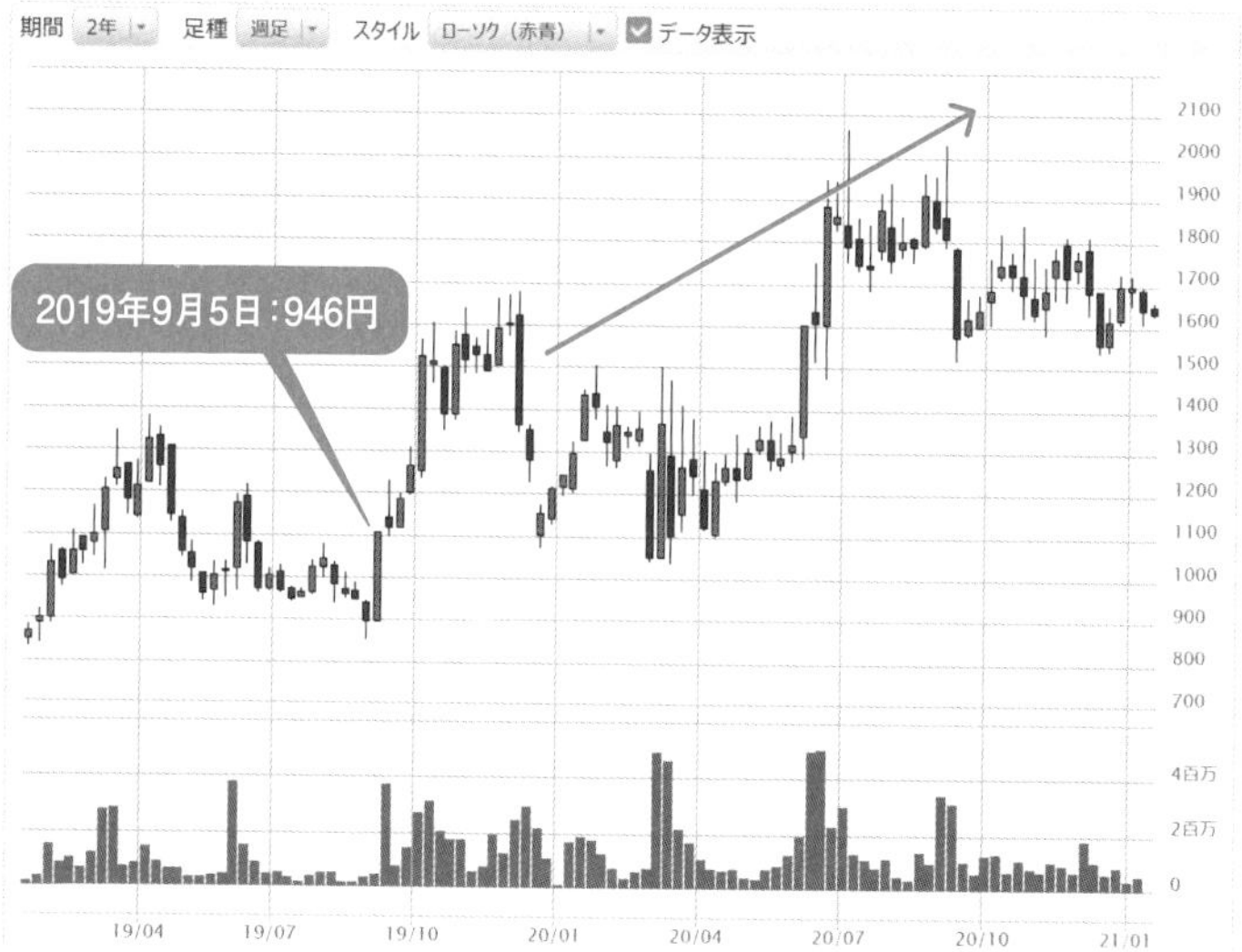

（出所：マネックス証券　銘柄スカウター）

2019年9月5日の決算発表で、
赤字から黒字に浮上することが判明。
その後の株価の値動きがこちらです

図3-2 アルチザネットワークス四半期決算推移

決算期 ▲	区分 ▲	売上高 ▲	(前年比) ▲	営業利益 ▲	(前年比) ▲	経常利益 ▲	(前年比) ▲	当期利益 ▲	(前年比) ▲	EPS ▲
2016/04	3Q	**490**	-47.8%	**36**	-90.4%	**30**	-92.4%	**27**	-86.5%	3.3円
2016/07	本	**376**	-39.6%	**-118**	-200.0%	**-124**	-179.0%	**-99**	-163.9%	－円
2016/10	1Q	**291**	-39.5%	**-87**	-247.5%	**-86**	-226.5%	**-60**	-215.4%	－円
2017/01	2Q	**418**	-53.7%	**-31**	-108.3%	**-26**	-107.0%	**-87**	-136.1%	－円
2017/04	3Q	**574**	17.1%	**-2**	-105.6%	**-1**	-103.3%	**-13**	-148.1%	－円
2017/07	本	**708**	88.3%	**-35**	70.3%	**-25**	79.8%	**-20**	79.8%	－円
2017/10	1Q	**557**	91.4%	**-79**	9.2%	**-67**	22.1%	**-60**	0.0%	－円
2018/01	2Q	**627**	50.0%	**-142**	-358.1%	**-138**	-430.8%	**-284**	-226.4%	－円
2018/04	3Q	**648**	12.9%	**-216**	[illegible]	**[illegible]26**	-22,500.0%	**-158**	-1,115.4%	－円
2018/07	本	**503**	-29.0%	**-235**	[illegible]	**[illegible]43**	-872.0%	**-354**	-1,670.0%	－円
2018/10	1Q	**259**	-53.5%	**-285**	-260.8%	**-282**	-320.9%	**-207**	-245.0%	－円
2019/01	2Q	**502**	-19.9%	**-112**	21.1%	**-117**	15.2%	**-97**	65.8%	－円
2019/04	3Q	**741**	14.4%	**14**	106.5%	**12**	105.3%	**35**	122.2%	4.2円
2019/07	本	**1,128**	124.3%	**457**	294.5%	**453**	286.4%	**386**	209.0%	46.6円
2019/10	1Q	**329**	27.0%	**-179**	37.2%	**-203**	28.0%	**-146**	29.5%	－円
2020/01	2Q	**1,182**	135.5%	**440**	492.9%	**412**	452.1%	**303**	412.4%	36.6円
2020/04	3Q	**744**	0.4%	**56**	300.0%	**44**	266.7%	**63**	80.0%	7.6円
2020/07	本	**976**	-13.5%	**121**	-73.5%	**146**	-67.8%	**219**	-43.3%	26.5円
2020/10	1Q	**511**	55.3%	**0**	100.0%	**-5**	97.5%	**4**	102.7%	0.5円
2021/01	2Q	**1,770**	49.7%	**673**	53.0%	**674**	63.6%	**464**	53.1%	56.0円

黒字転換！

（出所：マネックス証券　銘柄スカウター）

ると発表したのです。このときの株価の値動きが図3－1です。

その後、営業利益が一度赤字に転じるタイミング（2019年10月期）もありましたが（図3－2）、5Gのテーマに乗って業績拡大が見込めると予想でき、株価も一時的な値下がりを入れながら上昇しています。2021年1月15日（現在）で株価は1719円と1・8倍です。

3

注目すべき7大テーマはこれ！

テーマ1　5G（第5世代移動通信システム）

技術は人々の生活を快適に、便利にするものであって、いずれ「当たり前」になっていきます。5Gによって高速大容量・超低遅延・多数端末接続が可能になり、さまざまな分野に産業構造の変革をもたらします。

その先の未来都市を創る上で欠かせない基盤のシステムが5Gです。日本は、米国や韓国に比べて出遅れたとの指摘もありますが、対応機器の供給網を考えれば、日本企業の存在感は大きいと言えます。

その普及段階において注目企業は変化しますが、基地局、配線基板の材料、通信システム、5G端末など多岐にわたり成長企業が存在します。

5Gには、大きく4段階があります。

「設備」「インフラ」「端末」「コンテンツ」の4つです。

まず、「設備」「インフラ」に関わる基地局や通信工事、データセンター、電気設備工事などの企業が5Gの普及には欠かせません。

次に「端末」である通信機器やタブレット、オフィスIoT、セキュリティ、カメラレンズなどの企業です。

最後に消費者に近い「コンテンツ」を作成している企業です。ゲーム、電子書籍、映画などがここに位置します。

5G関連銘柄と言っても、ひとまとめにせずに細分化することです。投資を検討している企業が5G業界の中でどこに位置しているのか、企業の成長がこの先も継続するのかを考えます。

図3－3は、私が5Gを理解するために自分で図解したものです。5Gと言っても1つではなく「設備」「インフラ」に関係する基盤の部分に携わる企業もあれば、タブレットなど「端末」に当たる企業もあります。

さらに、消費者が実際にユーザーとして利用する「コンテンツ」である「ゲーム」「電子書籍」「遠隔医療」「広告」なども5G関連の企業になります。

図3-3 2021年は5G普及元年！

5G・6G……「いずれ当たり前になるもの」
テレワーク、オンライン学習・タブレットが好調

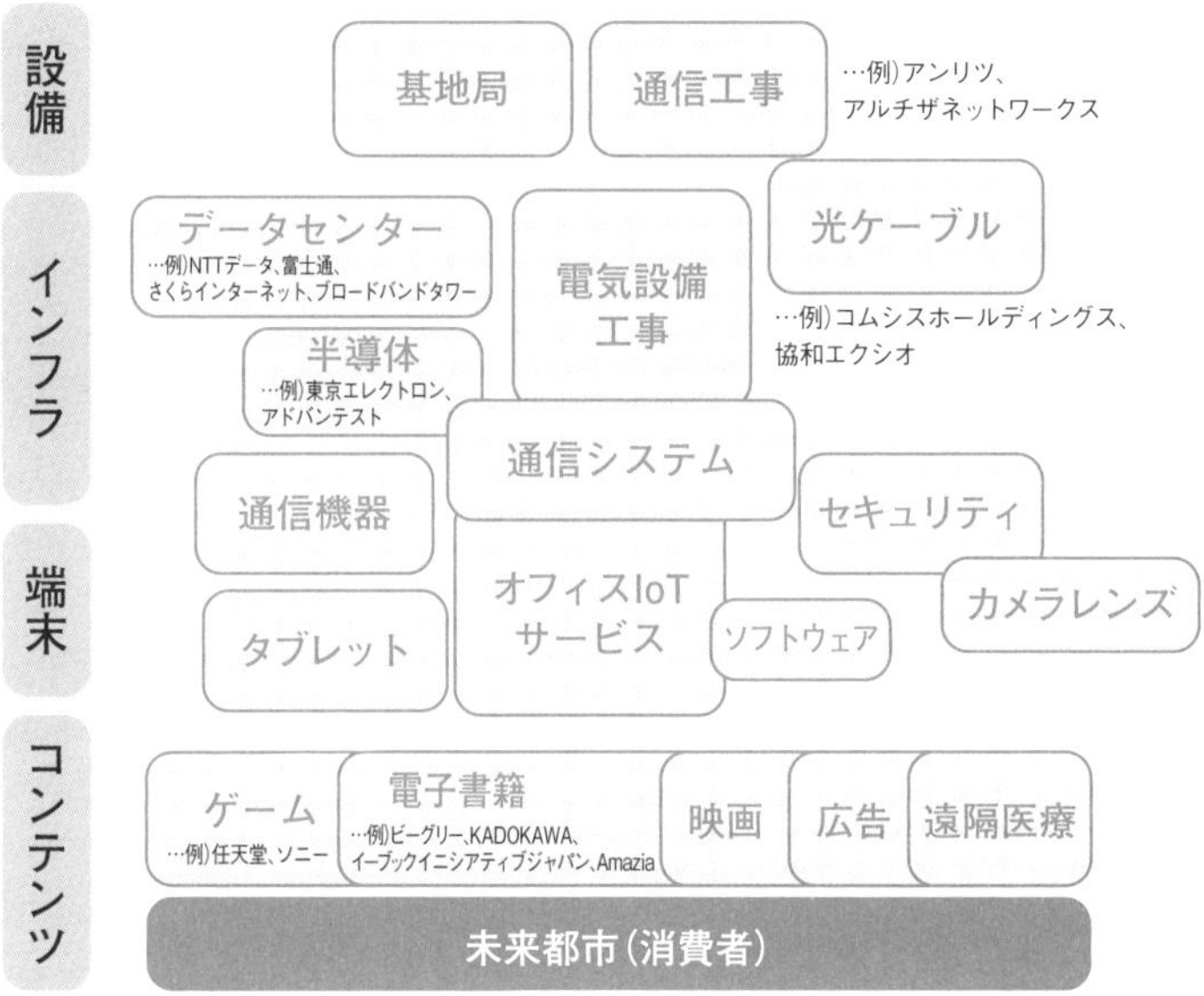

5Gと言ってもいろんなフェーズがあり、
注目している企業が5Gのどのフェーズに
位置するのかも考える必要があります

テーマ2　DX（デジタルトランスフォーメーション）

デジタル技術で社会がより効率的になっていくための根底を支えるのがDX（デジタルトランスフォーメーション）です。

DXには「行政のDX」と「民間のDX」の大きな2軸があります。過去の錆びついたやり方を手放し、新しいシステムを導入していくことによって、海外投資家が再度、日本株に注目し、投資対象とする可能性があります。

菅政権の誕生によって、導入が困難だと思われていた行政のデジタル化が動き出しています。日本銀行の推計によると、技術進歩などに基づく生産性上昇率を示す全要素生産性（TFP）上昇率は、2010～2011年をピークに低下傾向を続け、足下での潜在成長率の押し上げ寄与度は年率＋0・1％程度にまで低下しています。

国民が日本経済の将来に明るい展望を持つためにも、内側から抜本的な構造改革を行う必要があるのです。「民間のDX」も、どのポジションを占めるかによってマネタイズの大きさが変わってきます。

DXを考えている企業に「システム構築・システムインテグレータ」のシステム自体を構築して提供する企業なのか、世の中にある様々なDXの中でどれを利用したらよいかな

図3-4 DXには行政と民間の2軸がある！

DX…「あくまでも人間が豊かさを感じるツール」

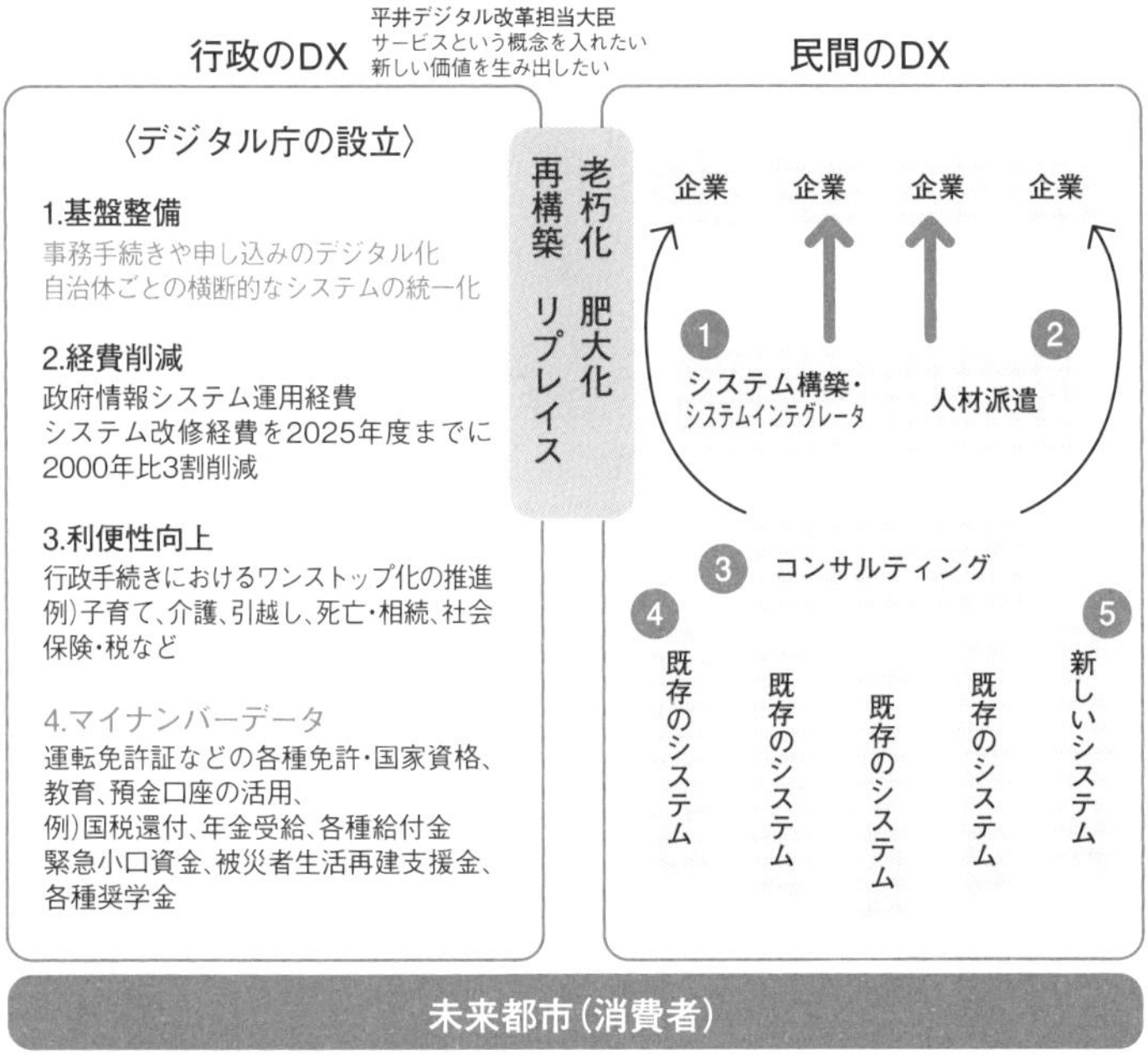
平井デジタル改革担当大臣
サービスという概念を入れたい
新しい価値を生み出したい
行政のDX
〈デジタル庁の設立〉
1.基盤整備
事務手続きや申し込みのデジタル化
自治体ごとの横断的なシステムの統一化
2.経費削減
政府情報システム運用経費
システム改修経費を2025年度までに
2000年比3割削減
3.利便性向上
行政手続きにおけるワンストップ化の推進
例)子育て、介護、引越し、死亡・相続、社会
保険・税など
4.マイナンバーデータ
運転免許証などの各種免許・国家資格、
教育、預金口座の活用、
例)国税還付、年金受給、各種給付金
緊急小口資金、被災者生活再建支援金、
各種奨学金
老朽化 肥大化
再構築 リプレイス
民間のDX
企業
企業
企業
企業
1 システム構築・システムインテグレータ
2 人材派遣
3 コンサルティング
4 既存のシステム
既存のシステム
既存のシステム
既存のシステム
5 新しいシステム
未来都市(消費者)

DX1つ取っても、業界でどのポジション
を取っている企業なのかを確認することで、
売上の規模や成長性を
判断することができます

どの「コンサルティング」を行う企業なのかで、ポジションは異なります。

さらに、企業にDXとして導入してもらう汎用性のあるツールを開発している企業というポジションもあります。DX関連銘柄を分析する際に、その企業のDX業界の中での立ち位置も考えてみてください。

図3－4は、私自身が日本のDXを理解する上で図解したものです。DX業界は行政のDXと民間のDXの大きく2つに分けられます。ここでは民間のDXについて具体的に説明します。

図の右側の「民間のDX」では、DXを考えている企業に「①システム構築・システムインテグレータ」としてシステム自体を構築して提供する企業や「②人材派遣」する企業には、大きな売上の伸びが予想できます。

特に、DX業界では「①システム構築・システムインテグレータ」がある意味、勝ち組です。次に、世の中にある様々なDXの中でどれを利用したらよいかなどの「③コンサルティング」を行う企業もマネタイズできる企業になります。

企業に導入してもらうDXのツールを販売している「④既存のシステム」を作っている企業は当然、システムインテグレータほどの売上を計上することは難しいでしょう。他のDXツールに導入企業が乗り換えてしまうことも考えられます。

これから参入を考えている「⑤新しいシステム」を作っていく企業は、どうやって営業・販売網を獲得していくかの計画がなければ、参入してもパイを取ることは難しいでしょう。このようにDX1つ取ってみても、業界でどのポジションを取っている企業なのかを確認することで、その企業の業績の伸びや成長性を判断することができます。

テーマ3　脱炭素・グリーンエネルギー

持続可能な開発目標（SDGs）とは、2015年の国連サミットで採択された国際的な目標のことです。SDGsでは、2030年までに世界が目指すべき目標を貧困、飢餓、衛生、教育などの17個に分けて掲げており、企業にとって無視できないものになっています。これまでは「SDGsは儲からない」と言われてきました。素晴らしい理念・概念だけでは、物事は前に進まないのが現実です。

しかし、いよいよ金融業界も本気でSDGsに取り組み始めています。短期的な利益だけを追い求めるのではなく、世の中を持続可能（サスティナビリティ）にしていく観点を持つ企業の存在がノーマルになりつつあります。

中国も「グリーンな中国」を打ち出し、習近平国家主席は2030年までに2005年と比べてCO_2排出量を65％以上削減すると目標の引き上げを明らかにしました。

バイデン氏は大統領就任初日に、トランプ前政権が離脱した地球温暖化対策の国際枠組み「パリ協定」に復帰する大統領令に署名し、「クリーンエネルギーの未来を見据えることで、米国は世界をリードする」と強調しています。

日本では菅首相が２０２１年１月18日、施政方針演説で「２０５０年カーボンニュートラル」実現に向け、過去に例のない２兆円の基金を創設し、過去最高水準となる最大10％の税額控除を行うと改めて表明しています。

環境への対応は、経済成長の制約やコストではなく、成長の機会と捉える時代に突入したのです。

テーマ４　ＥＶ（電気自動車）

グリーンエネルギーの中で特に、大きな資金が動くマーケットがＥＶ（電気自動車）です。バイデン氏は大統領令で、電気自動車の促進で１００万人の雇用を創出し、充電ステーションを全米に50万か所設置するとしています。

日本では、菅首相が国内販売車の電動化について「２０３５年までに新車販売で電動車

100%を実現する」と表明しました。

中国では、2020年11月2日、2025年の国内の新車販売台数に占める「新エネルギー車」の比率を20%前後に高める目標を正式に打ち出し、英国では、ガソリン車とディーゼル車の新規販売を禁止する時期を2030年としています。

自動車業界では、2020年6月に電気自動車大手のテスラがトヨタの時価総額を上回ったことで衝撃が走りました。さらに、米国のアップルや中国のバイドゥ(百度)、ソニーなどのハイテク企業がEV市場に参入すると伝えられ、百花繚乱の戦国時代の様相を呈しています。

テーマ5 キャッシュレス、遠隔医療

安全に品物やサービスを提供するコンタクトレス(非接触)・エコノミーが加速しています。自宅にいながら、会議に出席し、インターネット経由で買い物をして、デリバリーサービスで食事を頼む。オンライン会議、在宅ワーク、EC(電子商取引)、キャッシュレス決済、全て、非接触で行いながらも生活ができることが証明されました。

これによって、もともと見据えていた将来が思ったよりも早く近づきました。キャッ

シュレス決済はこの先も需要拡大が見込める分野であり、その中でも決済代行ビジネスに注目が集まっています。

遠隔診療もコンタクトレス・エコノミーには大きなインパクトです。医療分野は規制が厳しく、年配の方にはオンラインを使った遠隔医療の浸透はまだまだ難しい側面もあります。しかし、コロナ以前から、地方における医師不足等が指摘されている状況を踏まえて、地域医療を充実させるためにも、遠隔医療の必要性は日本社会の課題であり、息の長いテーマです。

テーマ6　クラウドファンディング

新型コロナウイルスの感染拡大によって、人々の心に大きな変化が見られたと思います。

その1つが、コロナ禍で増加したクラウドファンディングです。〝頑張っている人を応援する〟。この気持ちは人間が本来持っているものですが、コロナという危機に直面する中で、人々の想いはより強くなりました。

コロナによってダメージを受けた企業や個人の支援策としてもクラウドファンディング

は盛り上がっており、実際に、購入型のクラウドファンディングのプラットフォームを運営している企業の業績が堅調です。新しい時代では「なんとなくの消費」ではなく「意志をもった消費」へと変化しているのです。

それは、投資でも同じことが起きています。新しい投資である「ベンチャー投資（エンジェル投資）」は、安倍政権の日本再興戦略の中で、誰でも投資ができる仕組みが整いました。それが、株式投資型クラウドファンディングです。

コロナ禍でも、ベンチャー企業を応援するといった動きは増加傾向にあります。〝想いを乗せたお金〟は新しい時代の大きなトレンドの柱となるでしょう。

テーマ7 GIGAスクール構想

これは、2019年に掲げられた「児童生徒向けの1人1台端末と、高速大容量の通信ネットワークを一体的に整備することで、多様な子どもたちを誰1人取り残すことなく、公正に個別最適化された創造性を育む学びを、全国の学校現場で持続的に実現させる」構想です。

デジタル端末1人1台の実現、校内Wi-Fiネットワークの整備を促進することを目標にしています。

コロナ禍で家庭でのオンライン学習支援や、ＧＩＧＡスクールサポーターの配置などが追加されましたが、デジタル端末の在庫不足で、２０２１年3月末までに1人1台を配備することは困難になっているほど、供給が足りていない状態です。

4 ファンダメンタル分析２ PER（株価収益率）とPBR（株価純資産倍率）から見る

PER（株価収益率）は、株価と純利益の関係から割安さを測る指標

PER（株価収益率）とは、その株が割安なのか割高なのかを判断するための指標です。

次の式で求めます。


PER（倍）＝株価÷1株当たり利益（EPS）

1株当たり利益（ＥＰＳ）は、その会社の税引き後当期純利益を発行済の株式総数で割ったものです。ＰＥＲの数値が大きければ割高、小さければ割安と判断します。

たとえば、株価５０００円のＡ社と株価３０００円のＢ社があったとします。一体どちらの会社が割安なのでしょうか？　１株当たり利益は、Ａ社が２００円、Ｂ社が１００円とします。計算すると、

Ａ社のＰＥＲ：５０００円÷２００円＝25倍
Ｂ社のＰＥＲ：３０００円÷１００円＝30倍

となり、Ａ社のほうが割安なことがわかります。

日本の上場企業の場合、**ＰＥＲはだいたい15倍程度が平均**とされています。ただし、業種によっても平均ＰＥＲは違ってきますので、よく調べるようにしてください。

ＰＥＲは投資家の期待度とも言われており、**ＰＥＲが高いと株価が高くなります。**

また株価がどうなるかは、企業のＩＲ（インベスター・リレーションズ：企業が株主や投資家に経営内容や財務状況、今後の業績見通しなどを広報する活動）がしっかりできているか、とも関係してきます。

図3-5 PER（株価収益率）とは

PER（株価収益率）とは、株価と純利益の関係から割安さを測る指標。

PER（倍）＝株価÷1株当たり利益（EPS）

税引き後当期純利益÷発行済株式総数

↕

株価＝PER×1株当たり利益（EPS）

PERの数字が高ければ株価は割高、低ければ割安と判断する。
平均は15倍程度とされている。

◆たとえば、同じ業界内のA社（株価5000円、EPS200円）と
B社（株価3000円、EPS100円）では、どちらの株が割安なのか？

A社　株価5000円÷EPS200円＝PER25倍
B社　株価3000円÷EPS100円＝PER30倍

A社とB社を比べると、
A社のほうが割安！

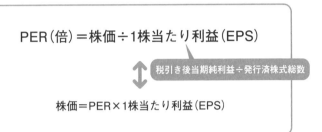

ＰＥＲは、各オンライン証券やフィスコのサイト以外に、Ｙａｈｏｏ！ファイナンスのサイトなどでも確認できます。スクリーニングでリストアップした銘柄のＰＥＲが割高か割安か、気になる会社があれば、ぜひ調べてみましょう。

ただし、ＰＥＲが低ければいいというわけではありません。ＰＥＲが低くても、今後の業績が悪化していく見込みなら安心できません。その会社の業績の将来性について、しっかり判断するクセをつけましょう。

ＰＢＲ（株価純資産倍率）は、株価と純資産の関係から割安さを測る指標

株価の割安さを測るもう1つの指標が、**ＰＢＲ（株価純資産倍率）**です。

その会社が持っている「純資産」から見て、今の株価が割安かどうか判断する指標で、次の式で求めます。

ＰＢＲ（倍）＝株価÷１株当たり純資産（ＢＰＳ）

純資産とは、会社の総資産から総負債を引いた金額のことであり、自己資本（株主資本）

図3-6 PBR（株価純資産倍率）とは

PBR（株価純資産倍率）とは、株価と純資産の関係から割安さを測る指標。

PBR（倍）＝株価÷1株当たり純資産（BPS）

純資産÷発行済株式総数

↕

株価＝PBR×1株当たり純資産（BPS）

PBRの数字が高ければ株価は割高、低ければ割安と判断する。
1倍以下なら割安とされている。

◆たとえば、同じ業界内のC社（株価1000円、BPS600円）と
D社（株価800円、BPS450円）では、どちらの株が割安なのか？

C社　株価1000円÷BPS600円＝PBR1.6倍
D社　株価800円÷BPS450円＝PBR1.7倍

C社とD社を比べると、
C社のほうが割安！

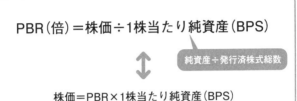

とも言います。株主が最初に出資したお金に、会社がこれまでに稼いだ利益を蓄積した利益剰余金を加えた金額です。これは、もし会社を解散した場合には株主に戻ってくる資産（金額）なので**「解散価値」**とも呼ばれます。

1株当たり純資産（ＢＰＳ）は、この純資産を発行済株式総数で割ったものです。

ＰＢＲが小さいほど、その株は割安であることを示し、ＰＢＲ1倍を上回れば割高、1倍を下回れば割安とされています。

5 ファンダメンタル分析3 ＩＲの対応をチェックする

個人投資家の方も積極的に企業のＩＲ部門とコミュニケーションを取ることをおすすめします。ＩＲ担当者が個人投資家ときっちり向き合う姿勢そのものに、企業としての姿勢が表れるからです。たとえば、私も仕事で経営者に取材やインタビューを申し込むことがありますが、ＩＲ部署がそもそもない企業は、企業の情報を投資家にきっちり伝えようというスタンスが不足していると感じざるを得ません。

また、「今のタイミングでの取材やＩＲ情報開示はやめて欲しい」といった返答をいただいた後は、株価がしばらく冴えない企業も見られます。

ＩＲ部門と接することで、「その企業の自信」を感じ取ることができます。言い換えれば、**誠実な対応をしてくれる企業は、投資を考えるだけの価値がある**と思います。

個人投資家としてできることは、その会社に電話して気になることを質問してみる、またはメールで疑問点を質問する、などがあります。もちろん、答えてもらえないこともありますが、気になる点があれば遠慮せずにやってみましょう。

「私は、個人投資家の者です。御社の株式の保有を検討しておりますが、いくつか質問がございます。ＩＲ部門の方につないでいただけますか？」と伝えてください。

ＩＲ部門に聞きたい７つの質問

ＩＲの窓口には、具体的に何を聞くといいのでしょうか。聞いておきたい７つの質問がありますので、参考になさってください。

１．少し先の未来

２．財務状況

3．投資
4．資本政策
5．競争力
6．戦略
7．遠い未来

この7つの切り口で、自分の気になる部分を質問してみましょう。以下は、一例としてご紹介します。

IR部門に聞きたい 7つの質問

1. 少し先の未来
2. 財務状況
3. 投資
4. 資本政策
5. 競争力
6. 戦略
7. 遠い未来
この7つの切り口で質問してみましょう

具体的な質問の仕方はこうする

1．少し先の未来：今期や来期の業績のことです。会社が出している予想に対する進捗率などを具体的に聞いてみます。

たとえば、「今期の業績に影響を与えそうな要因は何でしょうか？」と、深掘りすることで詳しい内容を聞くことができます。

2．財務状況：たとえば、コロナによって財務状況が悪化している企業も多いです。資金調達の計画や手元現金で何年持つ計算かなどの質問が考えられます。

3．投資：企業にもよりますが、M&Aが代表的な事例になります。企業が過去に行ってきたM&Aとその成果、今後の計画をIRに聞いてみます。これによって、その企業が将来どれくらい、成長が加速するかなどを予測することができます。

4．資本政策：一番多い質問は、株主に対する還元策である「配当」についての考え方です。その他に「自社株買い」などがあります。

配当に関しては、マザーズ市場の企業やマザーズから東証1部に市場変更したばかりの企業で、ここからもう一段成長しなければならない場合で「配当」を出せない企業もあります。成長加速のために、配当を出さないのであれば、それなりの計画があるはずです。その辺りも深く聞いてみてください。

5.競争力：「競合他社」について質問します。「競合他社はどこですか？」と聞くと、「競合他社はいません」と答える企業が、実に多いです。

そこで、自分なりに、競合他社の社名を調べておいて、その企業との「違い」やその企業ならではの「強み」を聞くと、より深い回答を得られます。

6.戦略：「今後の戦略は？」と聞くと、ほとんどの企業は、社名などは公開しなくても、可能性のあるM&Aの話や業務提携など、事業を拡大する戦略を答えてくれます。次のIRニュースに繋がるような話題を既に、水面下で用意しているのです。この辺りが、スッと出てこないと、「次の一手がまだない」と判断します。

7.遠い未来：その企業がどんな未来を描いているのか長期目標（ビジョン）について

の質問です。この長期目標は、その企業の理念や創業の思いなどが込められていることも多いです。長期目標が経営陣だけでなく、現場のＩＲの担当者までに浸透しているかどうかという目線で聞いてみてください。現場の人間が、即答できれば、その企業は組織として強い企業だと考えることができます。その上で、その会社が具体的な目標を持ち、それをどうやって達成しようとしているのかを確認します。

ＩＲ部門への電話取材からは、その企業の決算データ以外の価値のある情報を得られる可能性があります。

第4章

売買タイミングを見極めるチャート分析の基本

1 株価チャートの基本〜ローソク足、移動平均線、出来高

リストアップした銘柄をさらに絞り込んでいく際に、また、売りどき・買いどきの売買タイミングを判断するために、最低限必要なのがチャート分析の知識です。

チャートとは、図4－1にあるように株価の動きを視覚化したものです。

値動きの上下を示す**ローソク足**、株価の一定期間の平均値の推移を示す**移動平均線**、株の取引量を棒グラフで示した**出来高**の3つから成っています。

ローソク足は、株価チャートの基本

ローソク足は株価チャートの最も基本的なものです。株価の値動きをローソクのような形で示しています。図4－2にあるように実体とヒゲ、始値《はじめね》、終値《おわりね》、高値《たかね》、安値《やすね》の4本値《よんほんね》から成っています。

図4-1 日経平均の株価チャート
（日足　2020年9月～2021年1月）

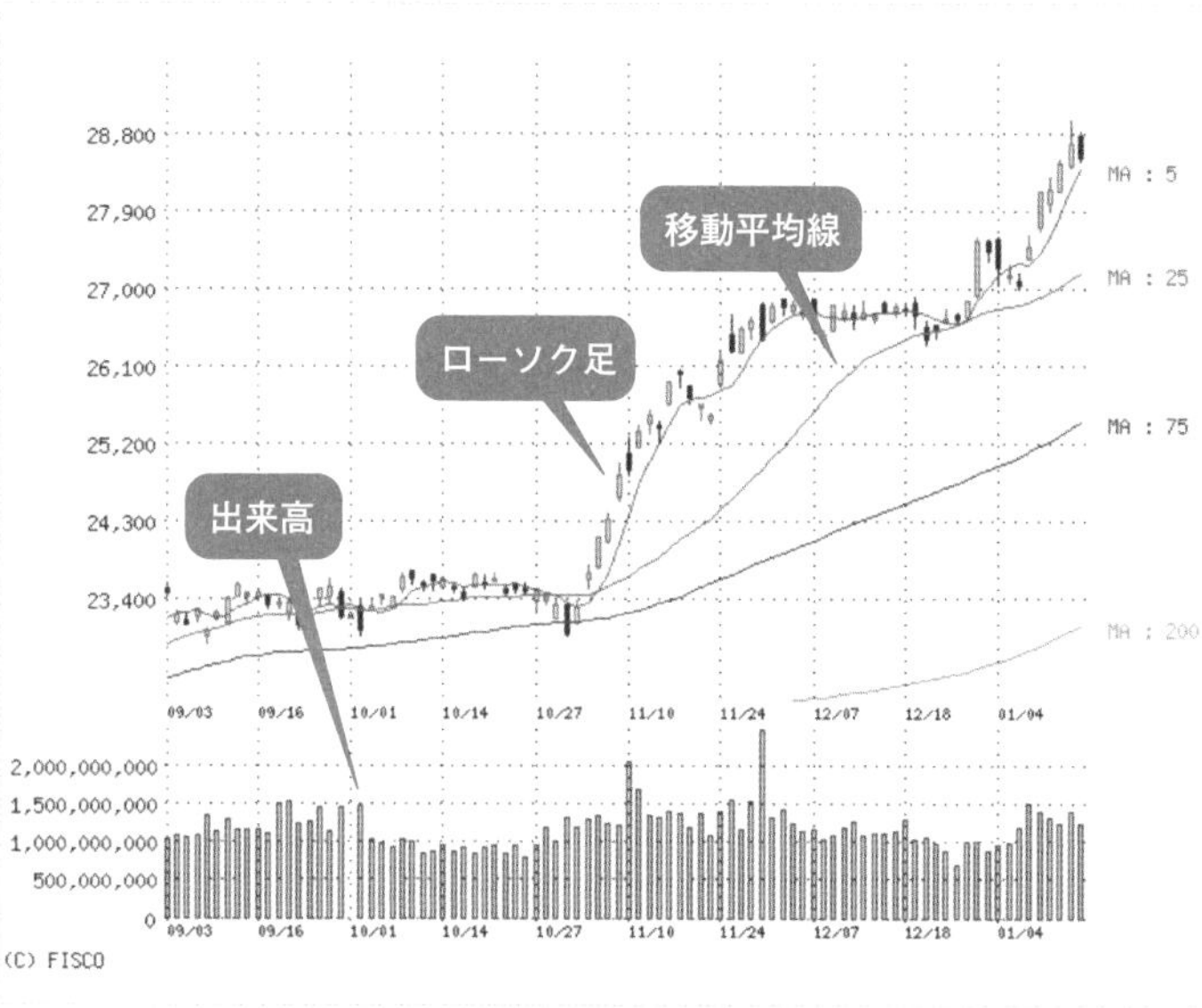

（出所：フィスコ　パワーチャート）

株価チャートは、
株価の値動きの上下を示すローソク足、
株価の一定期間の平均値の推移を示す移動平均線、株の取引量を棒グラフで示した出来高の3つから成っています

図4-2 ローソク足とは

ローソク足は、株価の値動きをローソクのような形で視覚化したもので、図にあるように実体とヒゲ、始値、終値、高値、安値の4本値から成っている。

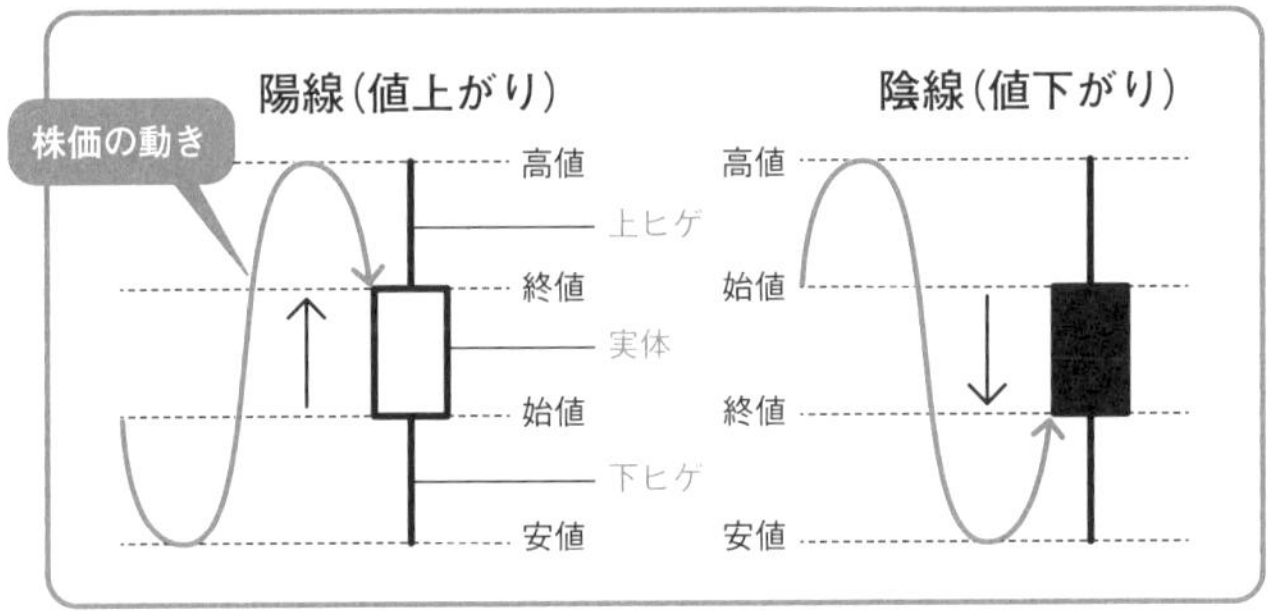

❶ **日足**：ローソク足を1日単位で表したもの。日々の株価の動きを追うのに適している。最も一般的なローソク足と言える。

❷ **週足**：ローソク足を1週間単位で表したもの。日足ではわかりづらかった株式相場の方向性がわかる。

❸ **月足**：ローソク足を1か月単位で表したもの。過去数年〜10年の株価の動きを把握できる。

❹ **年足**：ローソク足を1年単位で表したもの。主に日経平均など相場全体の動きを確認できる。

ローソク足は株価の値動きを視覚化したもの

日足《ひあし》は、ローソク足を1日単位で表したものです。1日の株価の変動を表しており、日々の株価の動きを追うのに適しているため、最も一般的なローソク足と言えます。

週足《しゅうあし》は、ローソク足を1週間単位で表したものです。1週間の株価の変動を表しており、日足ではわかりづらかった株式相場の方向性がわかるようになります。

月足《つきあし》は、1か月を1つのローソク足として表したものです。月の初日の始値、月の中で1番高い株価・安い株価、月の最終日の終値を1本のローソク足としています。月足では、過去数年～10年程度の株価の大きな動きを把握することができます。

私は、**過去の相場の「クセ」を把握するときに月足を使います**。たとえば、**「この銘柄は、過去に株価2倍の値幅が出たことがある銘柄」**かどうかを確認するときに使います。過去に値幅を伴って上昇（あるいは下降）した銘柄は、同じような相場の「クセ」を繰り返す傾向があります。

年足《ねんあし》は、ローソク足を1年単位で表したものです。主に日経平均など数十年間の相場全体の動きを確認する際に使います。

移動平均線は、一定期間の平均価格を算出したもの

移動平均線は、一定期間の平均価格を日々計算して出した「値」を線でつないだものです。たとえば、５日移動平均値は５日分の平均価格となります。

そして、日々の平均価格を線でつないだものが５日移動平均線となります。

移動平均線は、株価チャートではローソク足と共に使います。ローソク足は、そのときの株価を表しています。移動平均線は、過去の「ある一定期間」の株価の終値の平均値を日々算出し、折れ線グラフ化したものです。

日足（１日１本のローソク足を並べたチャート）には、５日、25日、75日の移動平均線がよく使われます。

週足（１週間１本のローソク足を並べたチャート）には、13週、26週、52週の移動平均線が使われます。

月足（１ヵ月１本のローソク足を並べたチャート）には、12か月、24か月、60か月の移動平均線が使われるのが一般的です。

移動平均線が右肩上がりなら上昇トレンド、右肩下がりなら下降トレンドと判断できます。

出来高は売買された数

出来高とは、期間中に成立した売買の数量を棒グラフで示したものです。1日、1週間など、ある一定期間内に売買が成立した株数を指します。

「出来高は株価に先行する」といわれることもあり、株価は出来高に伴います。

特に、黒字転換2倍株のように、もともと赤字の企業は人気がありませんので、出来高が少なく、売買があまり行われていません。**人気のない銘柄の出来高が安値圏で急増した場合は、買いサイン**になります。

普段、注目されていない銘柄の出来高が増えるということは、「黒字転換」「好材料」など何かの材料が出て注目が集まっているということです。買いたい人が殺到しており、人気化していることを意味しています。

ただし、株価の上昇が一時的なこともありますので、どんな材料で株価が上昇したのか「理由」も含めてチェックしましょう。

たとえば、**月足のチャートで過去の高値、安値をチェックすることは、現在の株価を確認する上で大変役立ちます**。銘柄によって過去に出た値幅は、それと同じ値幅が出やすい傾向があるからです。

住友化学の例（月足）で見てみましょう。過去に大きなトレンドが出ているチャートの部分に線を引きます（図４－３）。

２０１４年９月から２０１５年６月までの値幅（①）と同じ値幅が２０１６年９月から２０１７年11月（②）まで出ていることが確認できます。

これは、その企業が持っているチャートのクセであり、勢いがついたときにどれくらいの値幅が出やすいかを確認するときのヒントになります。

２０２０年８月頃から（③）３つ目のトレンドが立ち上がっている可能性があり、過去と同じ値幅が出るとすれば、「８１０円までは上値はありそうだ！」と判断することができます。

このように、**月足で過去の高値と安値を確認して値幅を予想する方法**も使ってみてください。

図4-3 住友化学の株価チャート(月足)

(出所:フィスコ　パワーチャート)

過去に大きなトレンドが出ている部分に線を引いたものが①②。
③で3つ目のトレンドが立ち上がっている可能性があり、
過去と同じ値幅が出るとすれば、
「810円まで上値はありそう！」と判断できます

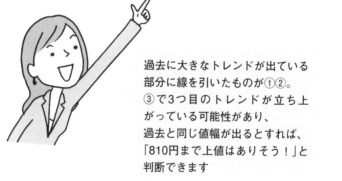

2 株価の動きには、上昇、下降、横ばいの3つのトレンドがある

まず「トレンド」とは、株価が上向き（上昇）か下向き（下降）に値動きの傾向が出ていることです。このトレンドを把握するためにチャートに引く線をトレンドラインと呼び、株価の高値同士、または安値同士を結びます。

大きく分けると、**上昇トレンド**、**下降トレンド**、**横ばいトレンド**の3種類があります。

横ばいとは、株価が上にも下にも行かない状態が長く続いていることです。カニが横に這う動きにたとえた言葉で、**ボックスレンジ**とも言います。横ばいの状態が永遠に続くわけではなく、いずれ、上または下に値が動きます。

図4-4 上昇トレンド、下降トレンド、横ばいトレンドとは

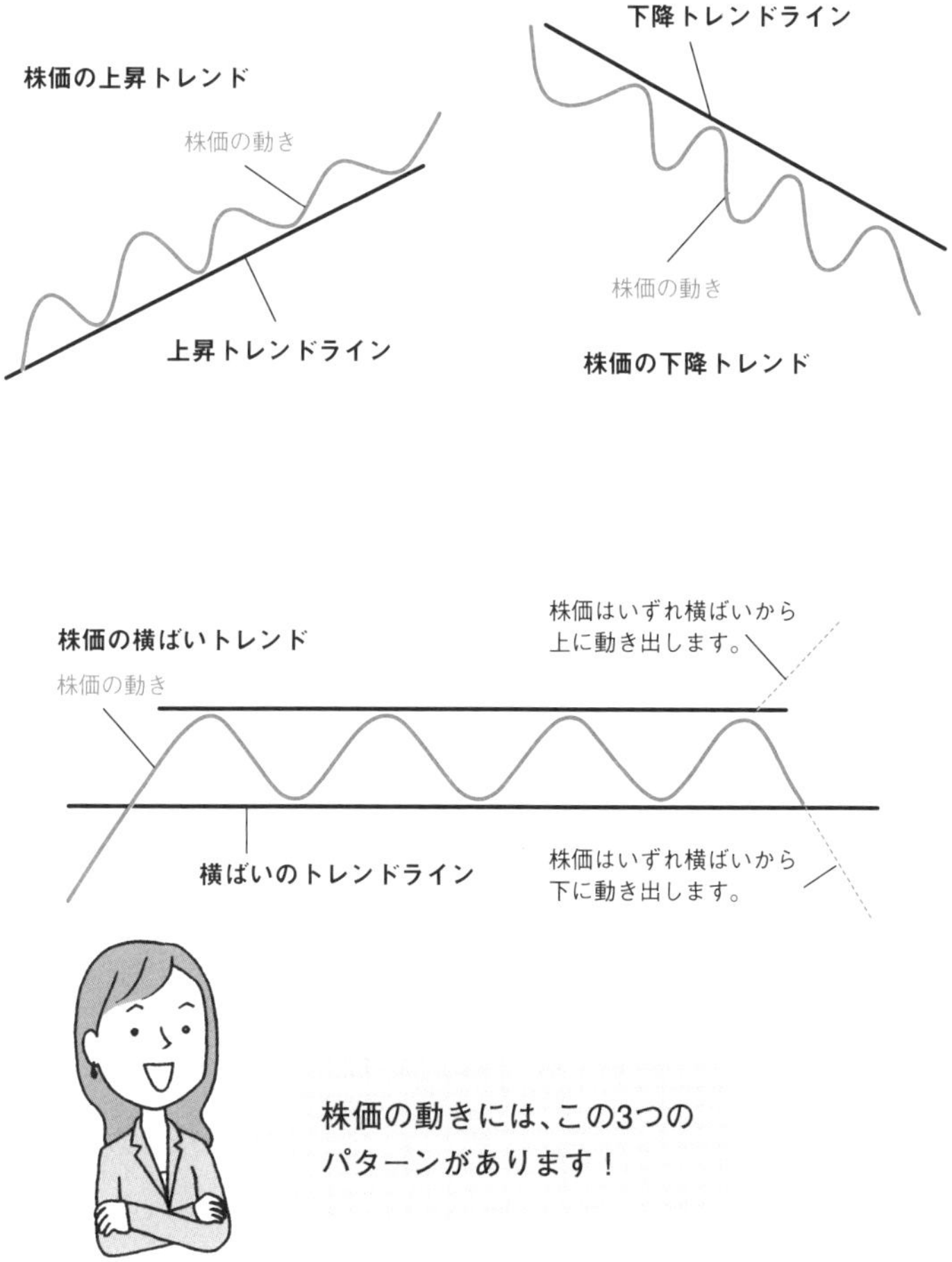

3 押し目、もみ合い、もみ合いからの上放れとは？

株の買い方で**「押し目買い」**といった方法があります。上昇トレンド入りの局面であっても、一本調子に株価が上昇し続けることはなく、一時的に株価が下落するタイミングを**「押し目」**と言い、そのタイミングを見計らって買いを入れる手法が「押し目買い」です。株価が下落することを相場用語で「押す」と表現することからこう呼ばれます。

先ほど説明した株価が横ばいトレンドの状態を**「もみ合い」**と表現します。

この株価がもみ合っている（横ばい）状態から、上にチャートが抜けて、株価がぐんと上昇するタイミングを**「もみ合いからの上放《うわばな》れ」**と言います。

これは、株価の横ばい状態が終わって、新しい上昇トレンドが形成される確率が高い動きになります。

図4-5 もみ合いからの上放れ、押し目買いとは

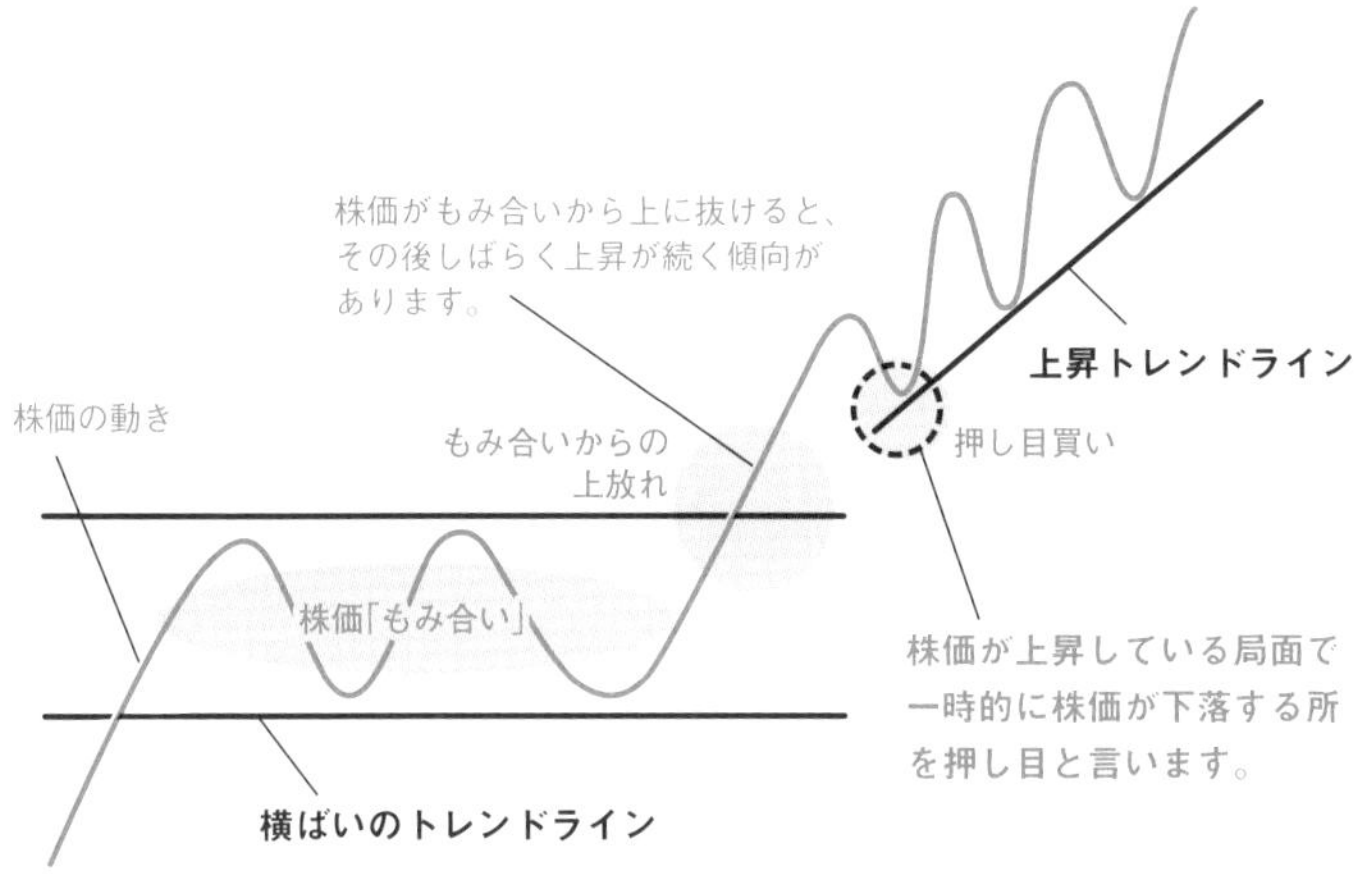
株価がもみ合いから上に抜けると、
その後しばらく上昇が続く傾向が
あります。
上昇トレンドライン
株価の動き
もみ合いからの
上放れ
押し目買い
株価「もみ合い」
株価が上昇している局面で
一時的に株価が下落する所
を押し目と言います。
横ばいのトレンドライン

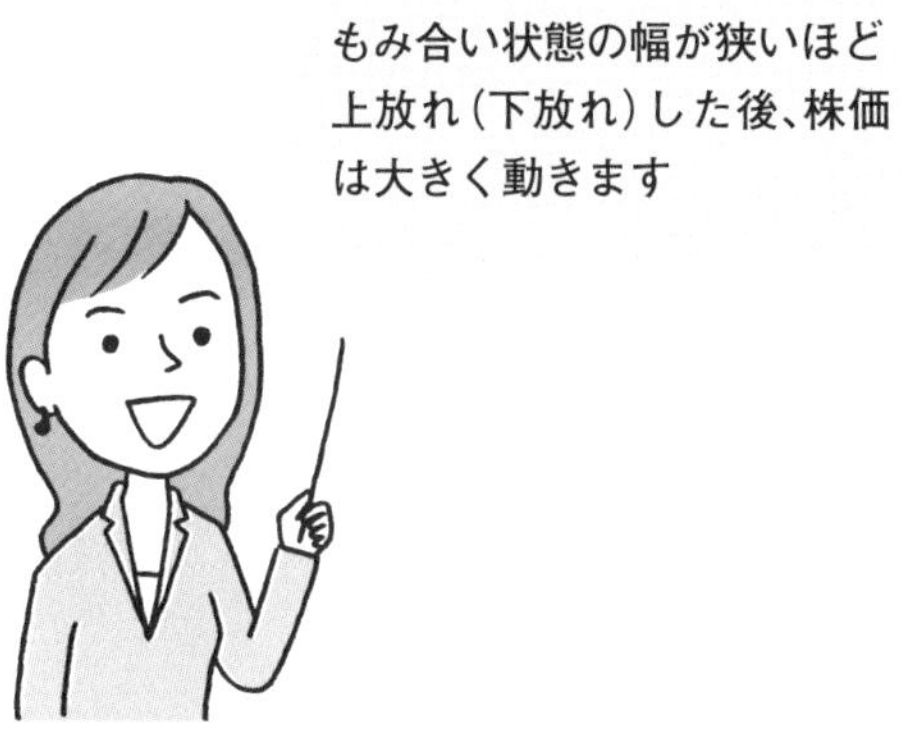
もみ合い状態の幅が狭いほど
上放れ(下放れ)した後、株価
は大きく動きます

4 Wボトムは、株価の底を示すチャートパターン

「Wボトム」は株価の底を示すチャートパターンです。図4-6のように株価の底が2つあるチャートの形です。

株価が大きく下落した後にいったん上昇し、再び前回下落した株価近くまで下落します(2番底)。

その後、上昇に転じたときのチャートで、アルファベットの「W」のような形をしています。

このチャートの形が出現すると、株価は底を打って上昇トレンドに入る可能性が高いと考えられます。

直前の高値を超えたことが確認できた時点で**本格的な買いサイン**となります。

図4-6 Wボトムとは

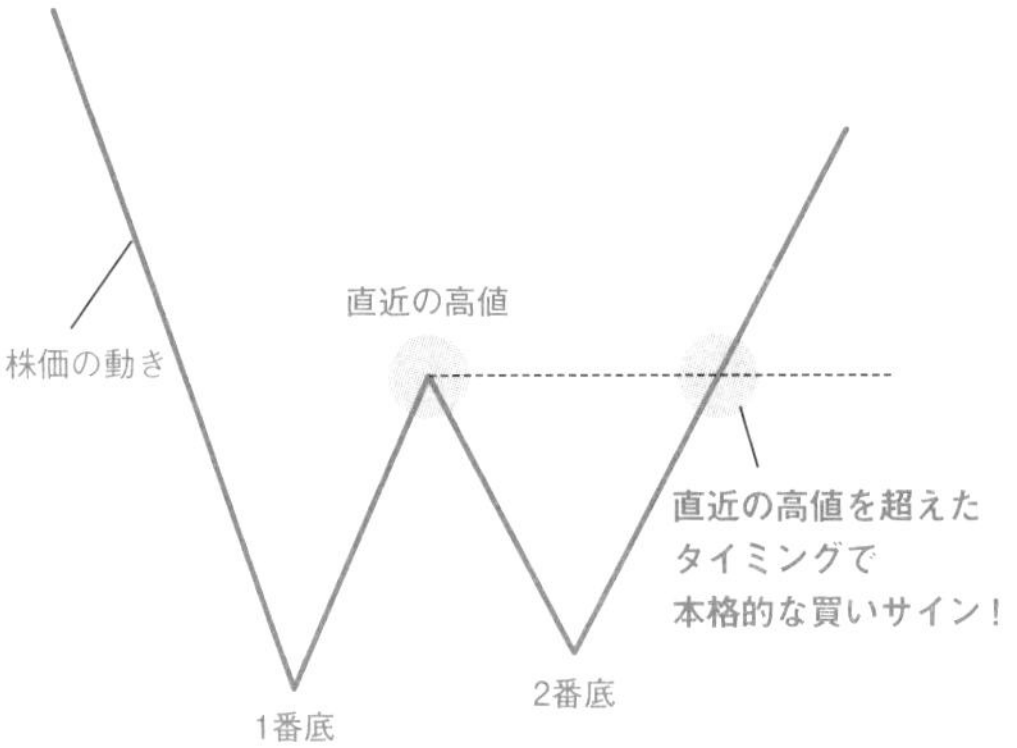

同じくらいの水準で
２回安値をつけるのがWボトムで
本格的な買いサインの
チャートパターンです

5 Wトップは、株価の天井を示すチャートパターン

「Wトップ」は先ほどのWボトムの反対で、図4-7のように株価の天井を示すチャートパターンです。

天井が2つあるチャートの形です。

株価が大きく上昇した後にいったん下落し、再び前回上昇した株価近くまで上昇します（2番天井）。

その後、下落に転じたときのチャートで、アルファベットの「M」のような形をしています。

このチャートの形が出現すると、株価は天井を打って下降トレンドに入る可能性が高いと考えられます。

直近の安値を超えて、はじめて**売りサイン発生と判断**することができます。

図4-7 Wトップとは

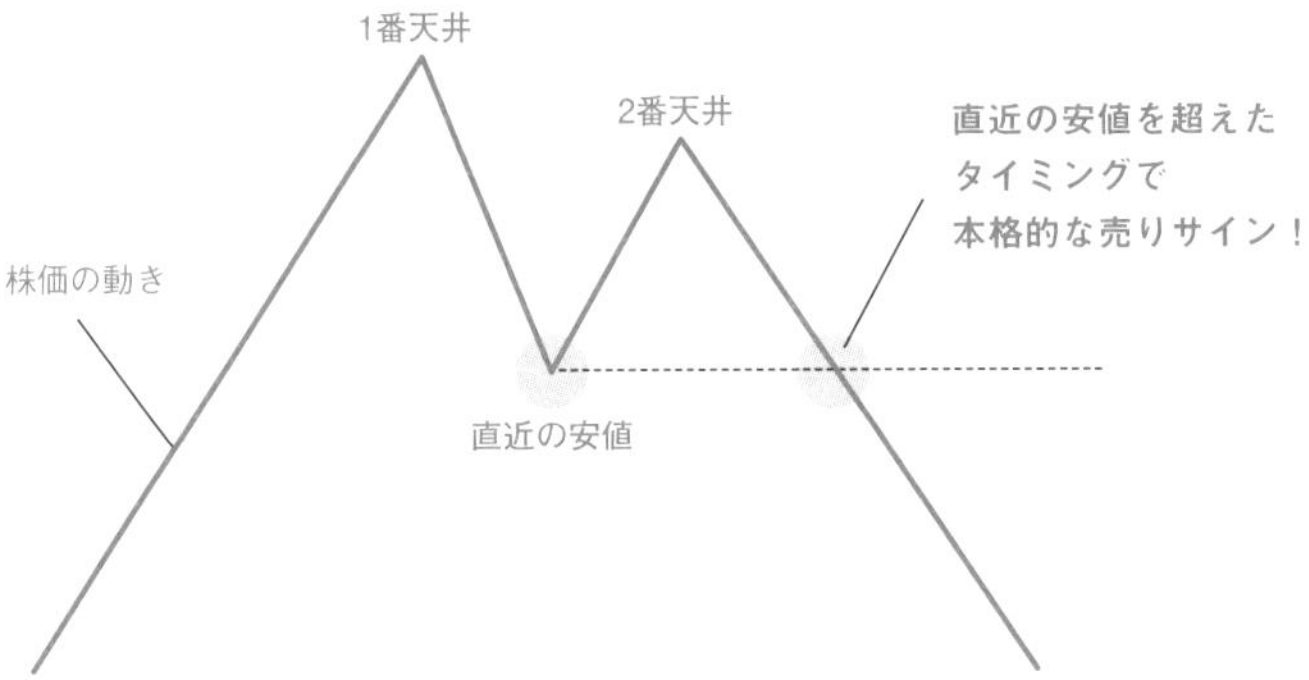
1番天井
2番天井
直近の安値を超えた
タイミングで
本格的な売りサイン！
株価の動き
直近の安値

同じくらいの水準で
2回天井をつけたのがWトップで
売りサインのチャートパターンです

6 逆三尊は、株価の上昇トレンド転換を示すチャートパターン

Wボトムや Wトップほど頻繁に株価チャートには表れませんが、3つの谷を形成する**「逆三尊《ぎゃくさんぞん》（トリプルボトム）」**も株価上昇のトレンド転換のサインになります。

「逆三尊（トリプルボトム）」とは、株価が下落し安値を付けた後に反発、再び下落し1回目の安値より下落します。

その後、反発し2回目の上昇、そしてまた下落したものの、1つ目の谷より高い位置で反発して上昇するチャートの形のことです。

高値を結んだライン（ネックライン）を突破したところで、**本格的な買いのサインとな**ります。

図4-8 逆三尊とは

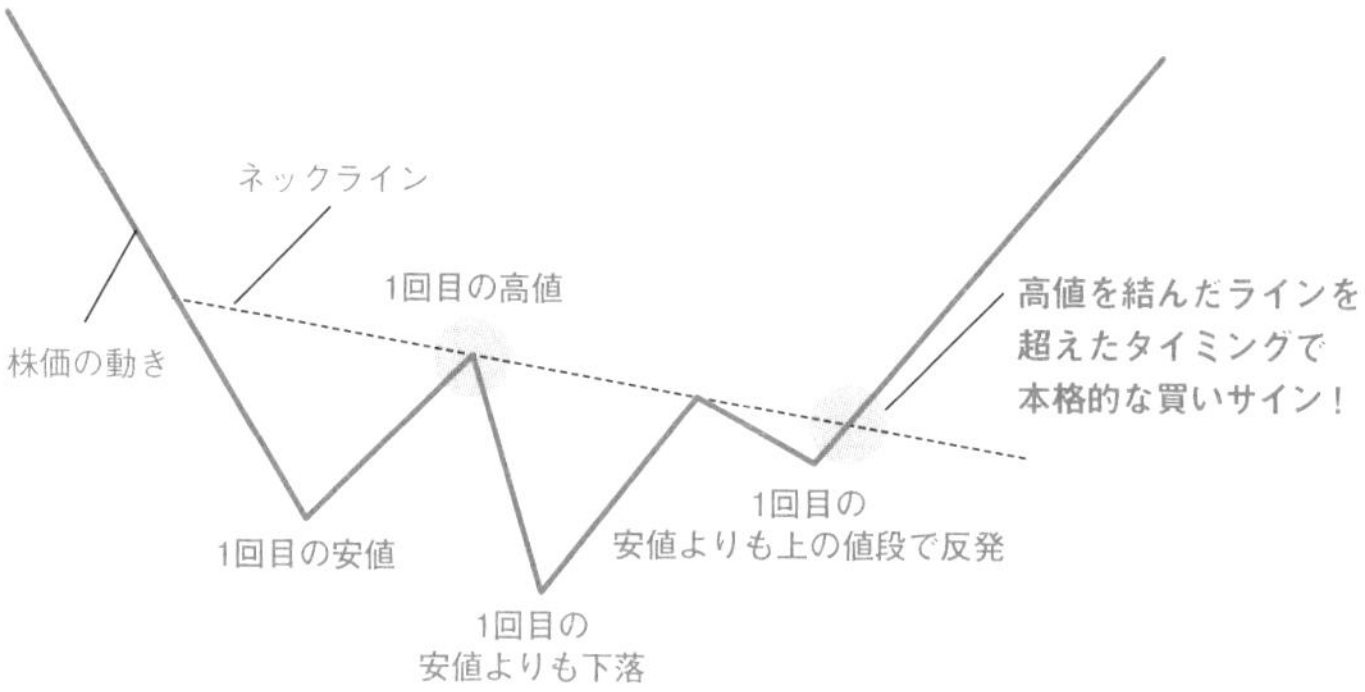
ネックライン
1回目の高値
株価の動き
高値を結んだラインを
超えたタイミングで
本格的な買いサイン！
1回目の
安値よりも上の値段で反発
1回目の安値
1回目の
安値よりも下落

同じくらいの水準で
３つの底値をつけた逆三尊は
本格的な買いサインの
チャートパターンです

7 三尊は、株価の下降トレンド転換を示すチャートパターン

Wボトムや Wトップほど頻繁に株価チャートには表れませんが、2つの谷を形成する**「三尊（トリプルトップ）」**も株価の下降トレンド転換のサインになります。

逆三尊の反対の考え方です。

1回目の高値を一度は超えたものの反落し、その後、再び高値更新を目指しても、1回目の山を超えられず下落してしまうため、株価の勢いが弱いと判断するチャートの形です。

安値を結んだライン（ネックライン）を下回ると**本格的な売りサイン**となります。

図4-9 三尊とは

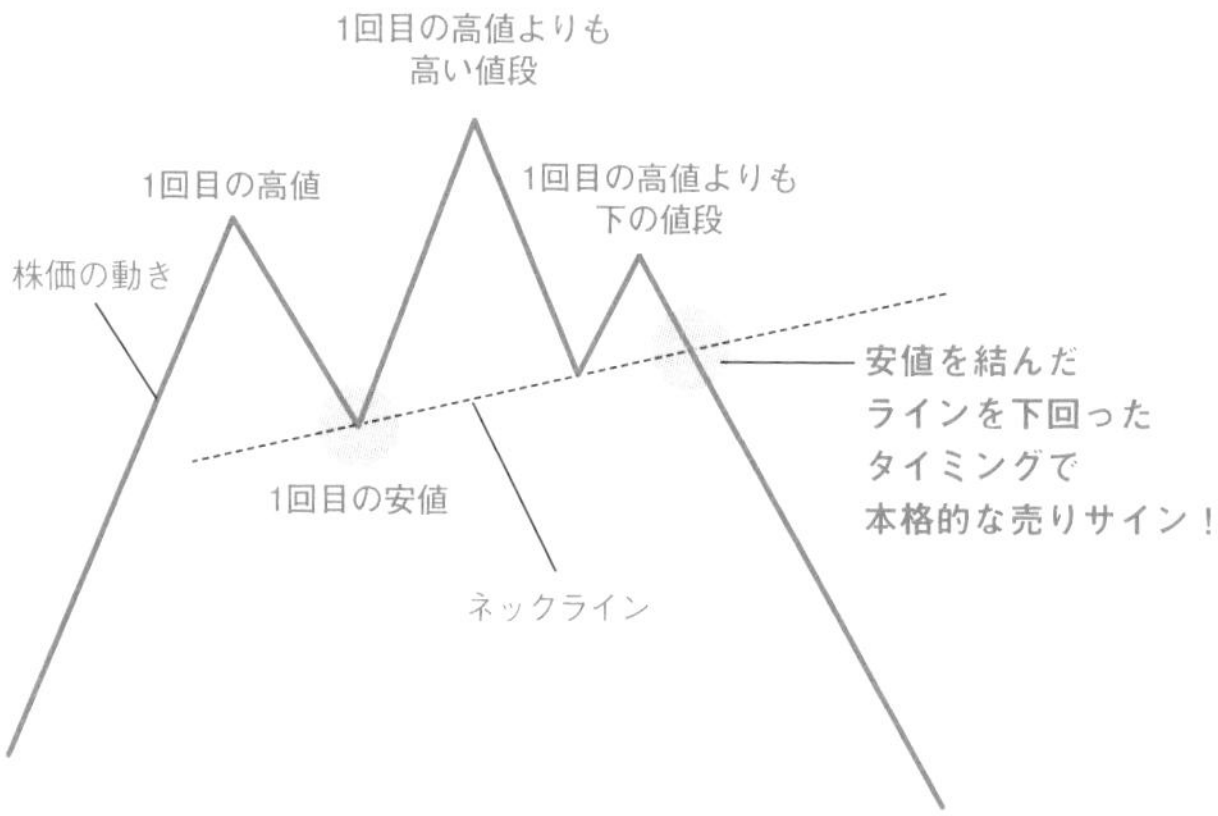

同じくらいの水準で
３つの天井をつけた三尊は
本格的な売りサインの
チャートパターンです

8 多くの投資家が注目する移動平均線を使った売買サイン

移動平均線を使った有名な売買サインに**「ゴールデンクロス」**と**「デッドクロス」**があります。これは多くの投資家が注目している重要なサインですので覚えておきましょう。

ゴールデンクロスとは

ゴールデンクロスは、低迷した株価が徐々に回復する途中で出現します。下降トレンドから上昇トレンドに転換するタイミングで出る**「買いサイン」**として注目します。

具体的に**ゴールデンクロスは、短期（中期）の移動平均線が長期の移動平均線を下から上へ追い抜くポイント**のことを指します。

実際に、ワコムを例に見てみましょう（図4-10）。左のチャートで、ゴールデンクロスが出た後、株価が上昇していることがわかります。25日移動平均が75日移動平均を上へ抜いています。

図4-10 ワコム〈6727〉の株価チャート（日足　2020年1月～2021年1月）

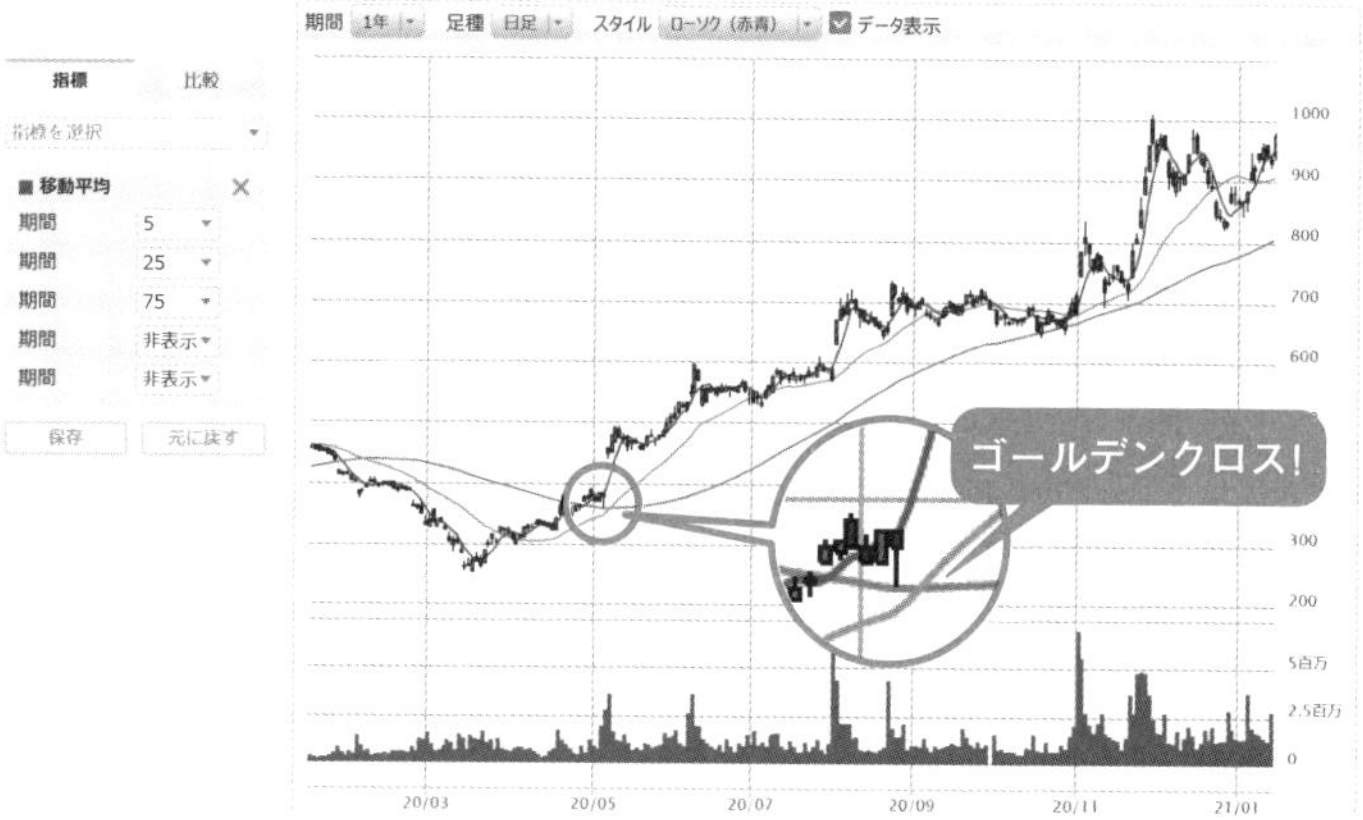

（出所：マネックス証券 銘柄スカウター）

中期の移動平均線が、
長期の移動平均線を
下から上に突き抜けたのがゴールデンクロス。
本格的な上昇トレンドに転換した
シグナルとされます

日足の移動平均は5日（短期）、25日（中期）、75日（長期）があります。5日（短期）が25日（中期）を上抜いた場合もゴールデンクロスですが、これは短期のシグナルであり、「だまし」（間違っていること）も多いです。そのため、25日・75日移動平均線のゴールデンクロスを参考にします。中期（25日）の移動平均線が、長期（75日）の移動平均線を下から上に突き抜けたゴールデンクロスは、**中期的な買い転換のシグナル**とされます。

デッドクロスとは

反対にデッドクロスは、**短期（中期）の移動平均線が長期の移動平均線を上から下に抜くポイント**を指し、上昇トレンドから下降トレンドに転換するタイミングで出る**「売りサイン」**として注目します。

実際に、ギグワークスを例にとって見てみましょう（図4-11）。株価は高値にはあるが上昇力が弱まっていることが多く、高値から下降トレンド入りする「サイン」と考えられています。ただ、私の経験測上、売りの場合は値動きのスピードが速いため、デッドクロスを確認してから利益確定をするのでは遅すぎます。

したがって、利益確定売りの判断の材料には使いません。繰り返しますが、業績が黒字

図4-11 ギグワークス〈2375〉の株価チャート（日足　2020年1月～2021年1月）

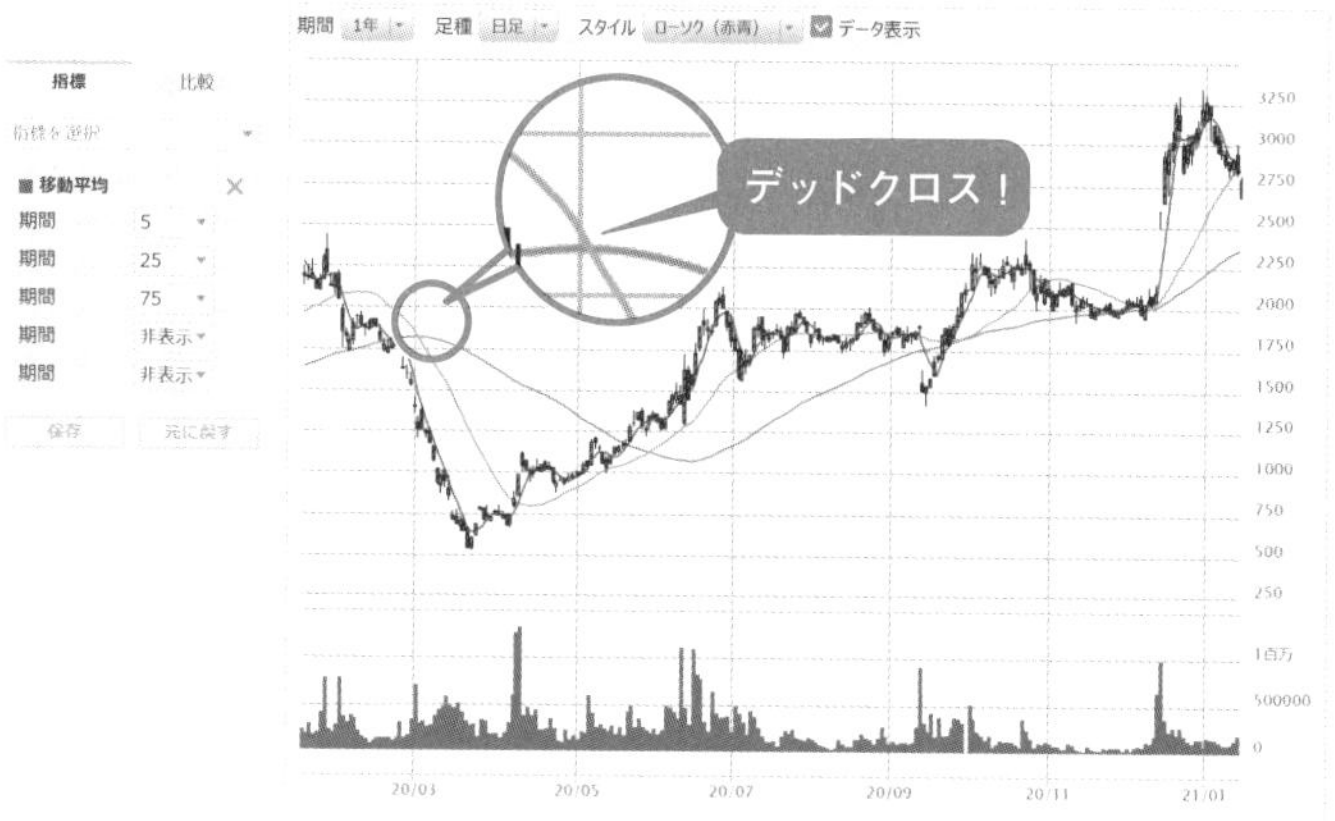

（出所：マネックス証券 銘柄スカウター）

ゴールデンクロスは安値圏、
デッドクロスは高値圏で出たときが
有効です。
上昇後の高値圏でゴールデンクロスが出ても
上昇サインにならないことが多い点に注意

転換したタイミングで「買い」、その後、2倍水準まで株価が上昇すれば利益確定のために売るといったスタンスです。株価の値動きを予想するといった使い方で「ゴールデンクロスやデッドクロス」を用いる場合は「日足」を使うことをおすすめします。

移動平均線はその性質上、株価より後に動きが出ます。サインが遅いのです。週足や月足になるとさらに、期間が長くなり、ズレが大きくなります。

また、ゴールデンクロスは安値圏、デッドクロスは高値圏で出たときが有効ですので、上昇後の高値圏でゴールデンクロスが出ても上昇サインにならないことが多い点も注意です。

9 購入する株は見つかった！でもいつ買えばいいの？

ここまで、黒字転換銘柄を自分の力で見つける方法をお伝えしてきました。

では、購入タイミングはいつがいいのかと思われるでしょうか。前章でも説明しましたが、大前提として、その銘柄が株式市場の大きなテーマに属しているかどうかを必ず確認してください。前章で紹介した、5G・6G、デジタルトランスフォーメーション（DX）、脱炭素・グリーンエネルギー、電気自動車（EV）、キャッシュレス、リモートワーク、遠隔

図4-12 関連銘柄を無料で確認できる「株探」

安値	2,427	(09:00)
終値	2,457	(15:00)
出来高	1,600,900 株	
売買代金	3,917 百万円	
VWAP	2,447.045 円	
約定回数	3,178 回	
売買最低代金	245,700 円	
単元株数	100 株	
時価総額	3,398億円	
発行済株式数	138,281,494 株	

ヒストリカルPER (単位:倍)

03/26	PER	23.3
過去3年	平均PER	

信用取引 (単位:千株)

日付	売り残	買い残	倍率
03/19	5,087.6	5,358.3	1.05
03/12	6,295.2	5,667.6	0.90
03/05	4,984.1	5,933.8	1.19
02/26	4,756.3	5,665.8	1.19
02/19	4,779.6	5,123.8	1.07

情報提供

株価予想 みんなの株式

業績予想 会社四季報 ONLINE

株探ネット証券比較

ネット証券を徹底比較!

カイリ率　+1.01%　+2.10%　+0.74%　+1.69%

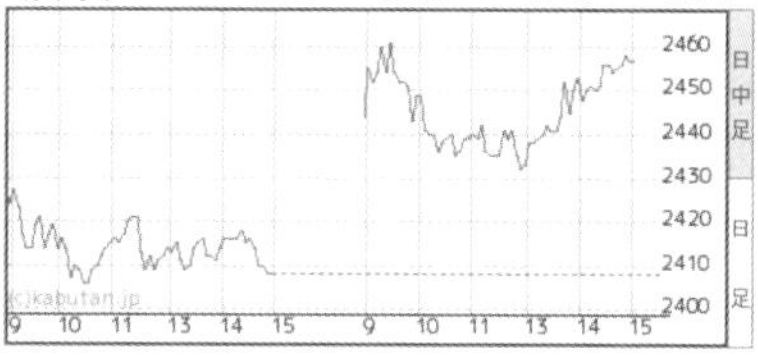

業績推移　単位 億円、1株益・配は円

	決算期	売上高	経常益	最終益	1株益	1株配	発表日
I	2019.03	996	113	89.6	65.2	22.0	19/04/25
I	2020.03	1,070	171	133	97.2	31.0	20/04/27
I	予 2021.03	1,100	190	145	105.5	37.0	21/01/28
	前期比(%)	+2.8	+10.6	+8.6	+8.5	直近の決算短信	

会社情報

アンリツ

英語社名	ANRITSU
会社サイト	https://www.anritsu.com/ja-JP/
概要	携帯・基地局向けなど計測機器大手。海外でも高シェア。産業機械も。5G拡大。
業種	電気機器
テーマ	[計測機器] [通信機器] [次世代ネットワーク] [試験・検査・計測] [LTE] [5G] [VOLTE] [MEMS] [WiMAX] [IoT] [コネクテッドカー] [スマートフォン] [遠隔監視] [円安メリット] [光ファイバー] [国際会計基準] [電磁環境適合性] [地上デジタル放送] [Society5.0] [JPX日経400]

（出所：株探）

医療、巣ごもり関連銘柄、GIGAスクール構想などです。

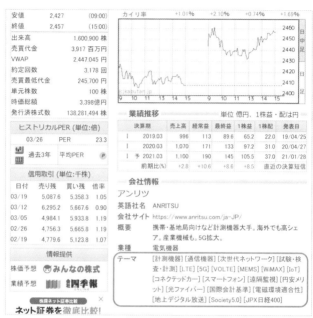

　その銘柄が何関連の銘柄かを無料で確認できるウェブサイトに「株探」（https://kabutan.jp/）があります。

　たとえば、アンリツのページを開くと右下の会社情報の欄に「テーマ」が記載されていて、そこに「計測機器」「5G」などといったキーワードがあります。ここで、テーマを確認できます。他にも、株式市場のトレンドのテーマは変化していきますので、日々の情報収集で「トレンドをキャッチする力」とその習慣を身につけてください。その上で、基本的に四半期決算ベースで**営業利益または経常利益が「赤字」から「黒字」に転換したことが確認できたときが「買い」のタイミング**です。

10 売買タイミングの判断には、テクニカル分析を使う

株を売買するためには、株価の高い安いだけではなく、「チャート」の動きや推移を確認する必要があります。チャートを見ることで現状の株価がどれくらいの水準か、またこれからどうなりそうなのかを、目で把握することができます。

図4－13の新日本電工は、2020年5月18日に黒字転換したことが、2020年に12月期第1四半期の決算発表で確認できました。

4～5月にかけては株価の値動きが落ち着いており、142円程度と低い値段で推移。最低購入価格が1万4800円と購入しやすい値段です。脱炭素・EV関連の話題が盛り上がりを見せている時期で、新日本電工はリチウムイオン電池関連としても、取り上げられていた時期です。このタイミングで「買い」です。

図4-13 新日本電工〈5563〉の株価チャート
（日足　2019年3月～2021年3月）

（出所：マネックス証券 銘柄スカウター）

新日本電工はリチウムイオン
電池関連として
取り上げられていた時期で、
このタイミングで「買い」です。
その後、株価はトレンドに乗り
上昇しています

11 【上級者編】黒字転換銘柄は、通期予想で一足先に把握する

名刺管理サービスSansanは2019年6月に株式上場したIPO企業です。

上場当時、時価総額は1634億円でユニコーン企業（未上場で企業価値が10億ドル＝1100億円超）の誕生だと大きな話題となり、業績は赤字のまま上場したことでも注目されました。

Sansanは2019年の私のセミナーでも紹介していました。当時のセミナー資料で、2020年5月期には通期で黒字転換すると予想（図4－14）。このように、大型であり、人気が元々ある知名度の高い銘

図4-14 Sansanの業績推移

■業績表　（単位：百万円）

	売上高	営業利益	経常利益	純利益	EPS
2018年5月期	7,324	−3,061	−3,077	−3,085	-
2019年5月期	10,206	−849	−891	−945	
2020年5月期c	13,362	757	435	339	11.0円
2020年5月期f	13,816	724	670	500	16.7円
2021年5月期f	18,500	2,700	2,700	2,200	73.5円

黒字転換！

※cは会社予想、fはフィスコ予想
（出所：SansanのIR情報をもとに著者作成）

図4-15 Sansan〈4443〉の株価チャート
週足　2019年6月～2021年3月

（出所：マネックス証券　銘柄スカウター）

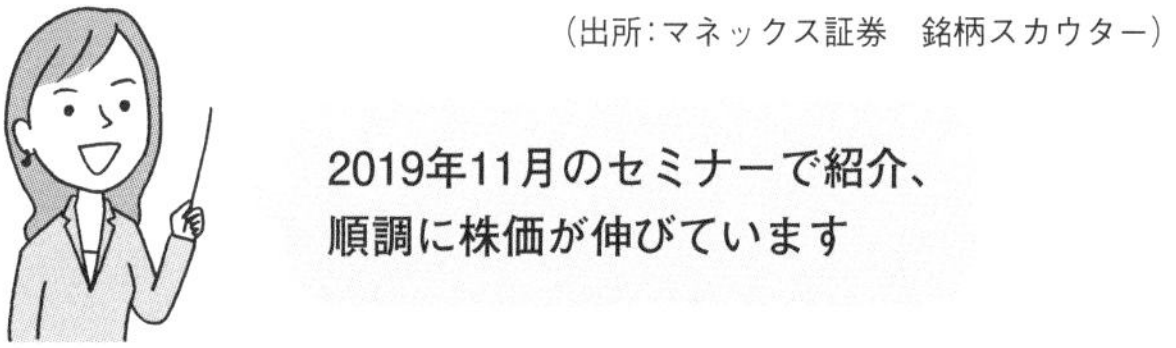

柄が黒字化する見通しがある場合は、大注目です。

Sansanは、上場後は株価が下落していましたが、黒字浮上の予測もありましたので、２０１９年11月８日４１３０円の頃にセミナーでご紹介しています。

その後、株価がはっきりと上昇トレンドを描くまでに少し時間を要していますが、黒字転換の「予想」が発表された時点で「買い」の判断をすることも必要です。投資戦略の1つの方法として取り入れてください。

12 株価の上昇に乗り遅れた場合の対処法

SNSマーケティング支援会社のホットリンク（図4－16）は、2017年5月11日の決算で黒字転換しました。

黒字転換前まで、もち合い相場が続いており、5月2日の時点で457円と冴えない株価の値動きでした。

しかし、黒字転換後、出来高が増加してその後、株価が急上昇しています。

この時、一度利食い、ふるい落としのような下げが入ることがあります（点線の箇所。「押し目」と言われ、利益確定売りなどで一時的に株価が下がる局面）。

その後、株価は2018年7月28日に1286円の高値を付けるなど、急拡大したことがわかります（図4－17）。

6月末に図4－17でクローズアップした青線の枠内のように、出来高が急上昇し、株価が立ち上がっています。

その後、「押し目」を入れて、株価は順調に上昇していきました。

図4-16 ホットリンク〈3680〉の株価チャート
（日足　2016年9月～2017年11月）

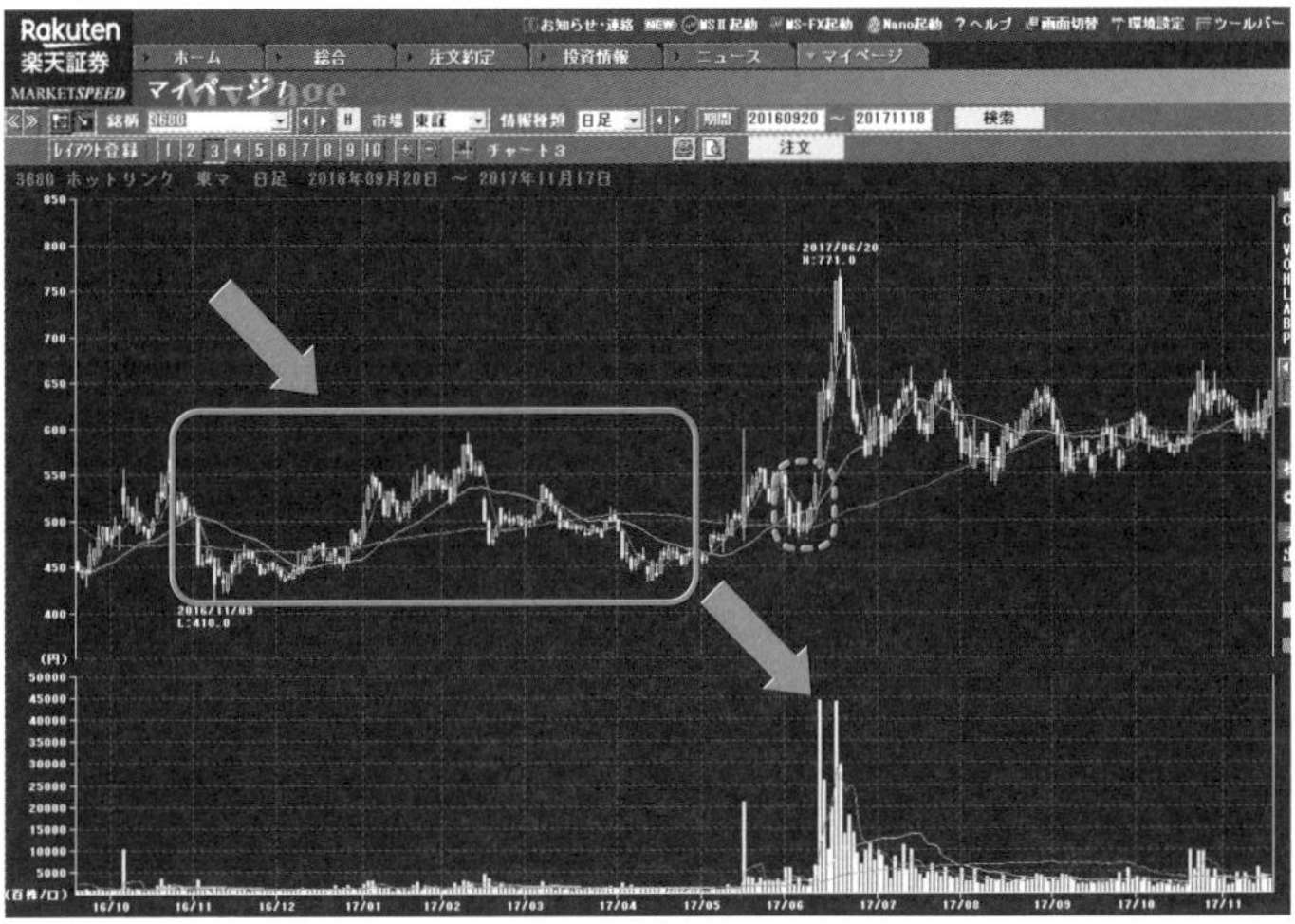

（出所：楽天証券　MARKETSPEED）

出来高が急増して株価が
急上昇していることがわかります

図4-17 ホットリンク〈3680〉の株価チャート
（週足　2016年7月～2018年8月）

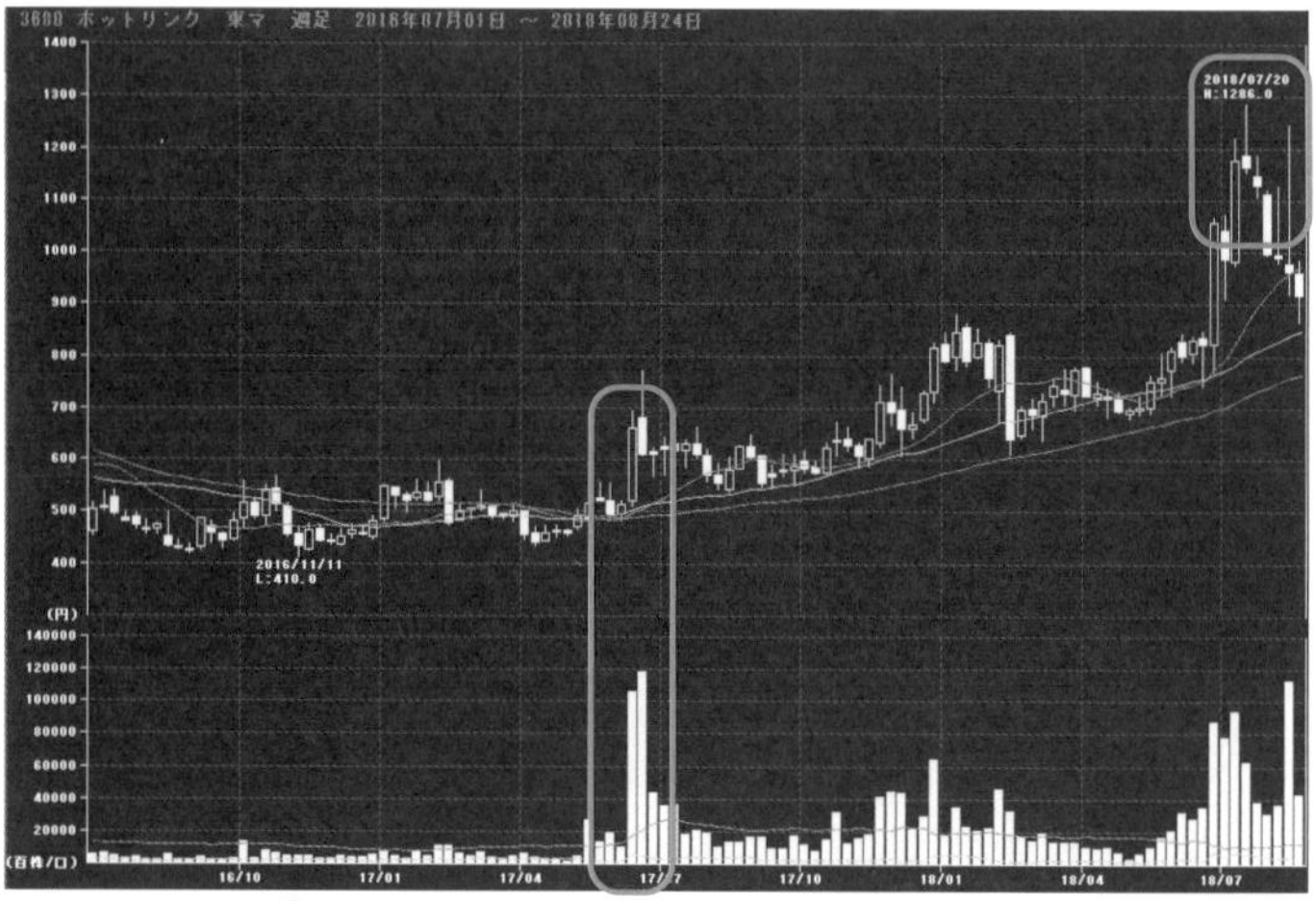

（出所：楽天証券　MARKETSPEED）

出来高が増えるということは、
それだけ注目する人が増えたということです

5月の時点ではまだ株価は「もち合い」でしたので、このタイミングで気づくことができればベストです。

しかし、株価が立ち上がってからも一度「押し目」のタイミングがありますので、乗り遅れた場合は、そのタイミングを待つことで、できるだけ安く購入することができます。

13 利益確定の目安を持ち、実行する

ここまでご紹介してきたように、黒字転換したのち株価は2倍近くまで上昇する傾向があります。繰り返しますが、本書で推奨する利益確定の目安は株価2倍の水準です。安いところで購入しているので、利益確定水準まで上昇してきた際には、心に余裕が生まれます。したがって、落ち着いて利益確定の注文が出せるはずです。

株式投資では、心に余裕を持つことがとても重要です。心に余裕があれば、得られた情報をもとに、どうしたらいいかを冷静に考え、判断することができます。そのためにも、**必ず余裕資金で始めるようにしてください**。

株式投資もビジネスも、心の余裕が自分を守ってくれる武器になります。

私の座右の銘は、「ビジネスは先に怒ったほうが負け」です。ビジネスパーソンの方であれば、これまでに憤懣《ふんまん》やるかたない思いをした経験もあるでしょう。しかし、成功されているビジネスパーソンは、絶対に怒りを爆発させたりしません。どんなときも、ぐっと堪えて、冷静に対処します。これは投資家も同じで、それがコツコツと勝ち続ける秘訣です。

14 損切りのタイミングはどうする？

黒字転換2倍株は、株価が低い位置で購入し、できる限り損切りをしない方法です。ただし、もちろん買った値段から下がるケースもあります。

図4－18の日本ケミコンは、２０２０年11月４日に営業利益・経常利益ともに黒字転換し、２０２１年３月時点で株価は１・５倍になりました。黒字転換のタイミングから上昇したものの、その後、一度株価が下落しています。このとき、どう判断したらいいのでしょうか？

チャートを確認しましょう。チャート分析では、図4－18のように安値の線を引くとトレンドを把握しやすいです。安値の地点を線で結ぶことでトレンドラインが形成できます。この線に近づいたら「株価がこれより下がらないかもしれない」と判断します。黒字転換した２０２０年11月４日に株価は１３５０円ですが、その後、11月20日に１３４３円まで下落。ここが押し目ですが、初めての方は「株価が下落した！」とビックリするかもしれません。

図4-18 トレンドラインを割り込んだら手放す 日本ケミコン〈6997〉（日足　2020年3月～2021年3月）

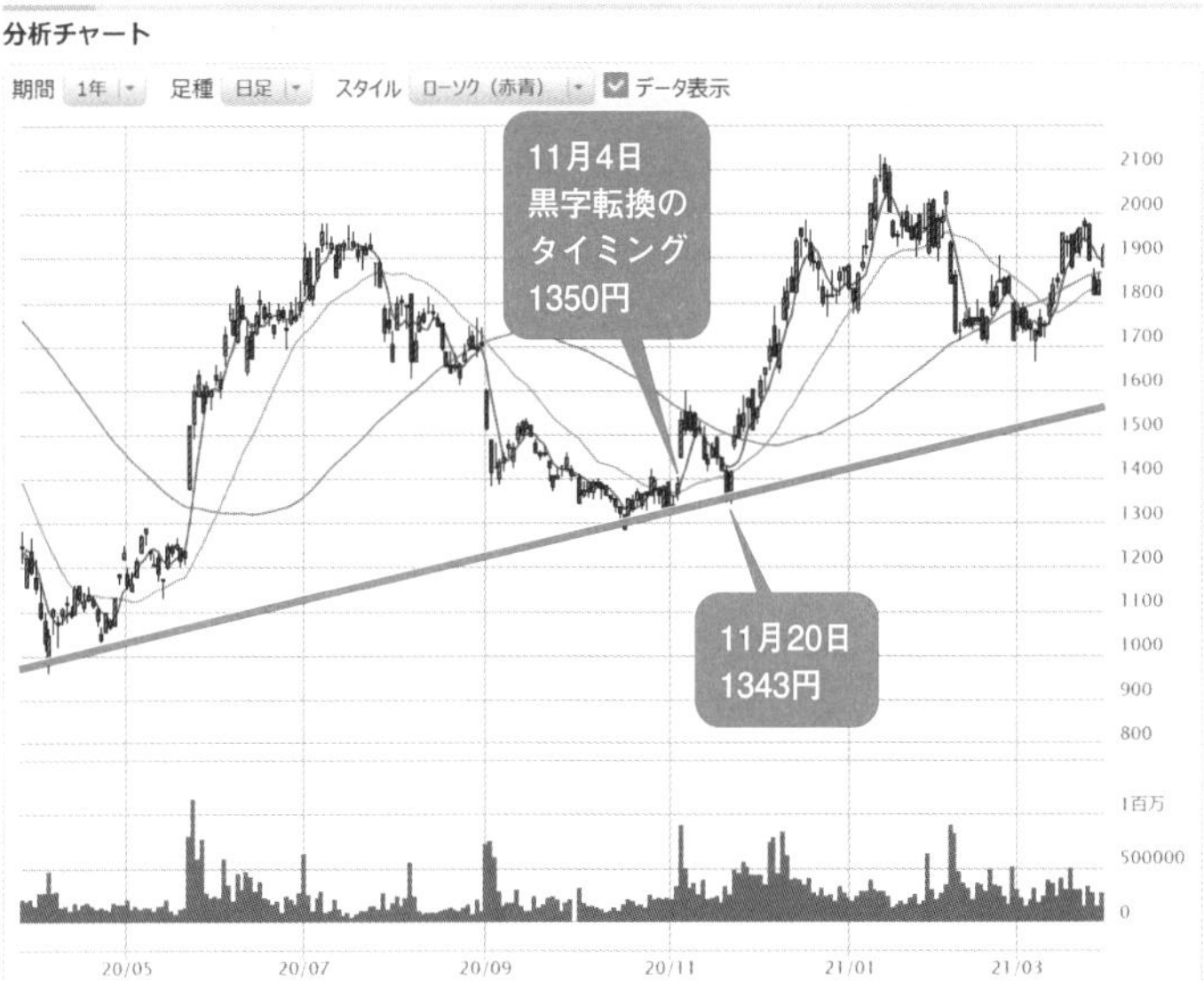

（出所：マネックス証券 銘柄スカウター）

でも、図のように「トレンドライン」を引いておくことで、11月20日時点で、トレンドラインを割り込んでいないことが確認できます。

もし、株を売る場合は、この「トレンドライン」を割り込んだタイミングで手放すと判断します。そのタイミングが損切りのタイミングです。

第5章

ＩＲ情報を投資にフル活用する

1 ＩＲ情報という「投資家の武器」を使いこなそう

投資先の情報を収集するのに最も効率的なものが企業の**「ＩＲ（インベスター・リレーションズ）情報」**です。

企業のウェブサイトの投資家向け情報のページに「ＩＲ情報」がありますので、ぜひ中身を見てください。

しかし、ＩＲページをのぞいてみたけど、どこを見たらいいのか、何がポイントなのか、よくわからないという方も少なくないでしょう。情報が多すぎるために、大切なことや本当のことを見失いそうになるのです。

そこで、本章ではＩＲページのどこを見れば効率的に情報収集できるのかをお伝えします。ＩＲ情報は、企業が投資家に向けて開示している情報の総称です。企業の業績やビジネスモデル、強み、弱みなどの詳しい情報を手っ取り早く知ることができるため、必ず活用したい**「情報の宝庫」**です。ここでは、**「決算短信」**と**「有価証券報告書」**の読み方をお伝えします。

2 決算短信はここを読む！
～現在と未来の成長性を確認する

「決算短信」は、決算時の発表内容を速報的にまとめたものです。その企業の当期の業績を、いち早く知ることができる貴重な資料です。

正式な決算書としては、**「有価証券報告書」**が年度末の決算日から3か月以内に発表されます。

これに対して「決算短信」は、**財務諸表の情報をコンパクトにまとめてあります**ので、まずは「決算短信」から会社を読み解くのがおすすめです。決算書には「四半期決算短信」と「通期決算短信」の2つがあります。

決算短信は、以下から入手できます。

（1）各企業のウェブサイト
（2）EDINET（エディネット） https://disclosure.edinet-fsa.go.jp
（3）適時開示情報閲覧サービス（TDnet）（情報開示日を含めて31日分）
https://www.release.tdnet.info/inbs/I_main_00.html

決算短信の見るべき項目は、1ページ目に集約されています。

主に**「連結経営成績」「連結キャッシュ・フローの状況」「連結業績予想」**の3つです。

図5－1にあるのは、ニトリホールディングスの実際の決算短信です。

まず、**「連結経営成績」**の**「売上高」「営業利益」「経常利益」**などの当期の成績を確認します。前期（下段）と当期（上段）を比べて、当期の数字が伸びているかどうかが重要です。

次に、**「連結キャッシュ・フローの状況」**の**「営業キャッシュ・フロー」**を確認します。ここも当期の数字がプラスになっているか、前期よりも数字が伸びているかなどを確認します。

いちばん下の**「連結業績予想」**は、通期（1年）の業績予想値が出ています。どのくらいかを把握することで、四半期ベースでの進捗率の確認に活用します。四半期でまだ黒字転換していない場合でも、通期予想で来期黒字浮上になる見通しの銘柄はチェックしておきます。連結業績予想は、経営陣が将来に対して、どのように予想しているのかがわかります。ただ、会社によっては開示していない場合もあります。

図5-1 ニトリホールディングスの決算短信

2021年2月期　決算短信〔日本基準〕(連結)

2021年３月31日

上場会社名	株式会社ニトリホールディングス　　上場取引所　東・札
コード番号	9843　URL https://www.nitorihd.co.jp/
代表者　(役職名)	代表取締役社長兼 最高執行責任者（ＣＯＯ）　(氏名) 白井　俊之
問合せ先責任者　(役職名)	財務経理部ゼネラルマネジャー　(氏名) 善治　正臣　(TEL) 03-6741-1204
定時株主総会開催予定日	2021年５月13日　　配当支払開始予定日　2021年４月22日
有価証券報告書提出予定日	2021年５月14日
決算補足説明資料作成の有無	：　有
決算説明会開催の有無	：　有　（　機関投資家・アナリスト向け　）

(百万円未満切捨て)

1. 2021年2月期の連結業績（2020年2月21日～2021年2月20日）

(1) 連結経営成績　　(%表示は対前期増減率)

	売上高		営業利益		経常利益		親会社株主に帰属する当期純利益	
	百万円	%	百万円	%	百万円	%	百万円	%
2021年2月期	716,900	11.6	137,687	28.1	138,426	26.4	92,114	29.0
2020年2月期	642,273	5.6	107,478	6.6	109,522	6.3	71,395	4.7

(注) 包括利益　2021年2月期　90,944百万円 (29.1%)　2020年2月期　70,443百万円 (5.5%)

	1株当たり当期純利益	潜在株式調整後1株当たり当期純利益	自己資本当期純利益率	総資産経常利益率	売上高営業利益率
	円 銭	円 銭	%	%	%
2021年2月期	817.01	816.66	15.3	17.2	19.2
2020年2月期	635.42	634.03	13.5	16.8	16.7

(参考) 持分法投資損益　2021年2月期　566百万円　2020年2月期　588百万円

(2) 連結財政状態

	総資産	純資産	自己資本比率	1株当たり純資産
	百万円	百万円	%	円 銭
2021年2月期	927,048	681,857	69.3	5,691.11
2020年2月期	683,247	560,861	82.0	4,984.29

(参考) 自己資本　2021年2月期　642,096百万円　2020年2月期　560,571百万円

(3) 連結キャッシュ・フローの状況

	営業活動によるキャッシュ・フロー	投資活動によるキャッシュ・フロー	財務活動によるキャッシュ・フロー	現金及び現金同等物期末残高
	百万円	百万円	百万円	百万円
2021年2月期	150,879	△195,985	30,309	125,487
2020年2月期	99,337	△44,486	△13,862	140,791

2. 配当の状況

	年間配当金					配当金総額(合計)	配当性向(連結)	純資産配当率(連結)
	第1四半期末	第2四半期末	第3四半期末	期末	合計			
	円 銭	円 銭	円 銭	円 銭	円 銭	百万円	%	%
2020年2月期	―	54.00	―	54.00	108.00	12,160	17.0	2.3
2021年2月期	―	57.00	―	66.00	123.00	13,907	15.1	2.3
2022年2月期(予想)	―	70.00	―	70.00	140.00		16.0	

3. 2022年2月期の連結業績予想（2021年2月21日～2022年2月20日）

(%表示は、通期は対前期、四半期は対前年同四半期増減率)

	売上高		営業利益		経常利益		親会社株主に帰属する当期純利益		1株当たり当期純利益
	百万円	%	百万円	%	百万円	%	百万円	%	円 銭
第2四半期(累計)	434,500	19.9	75,000	△6.9	76,100	△6.1	50,800	2.1	450.26
通　期	873,600	21.9	143,900	4.5	146,400	5.8	98,600	7.0	873.92

(出所:ニトリホールディングス　IR)

決算短信で重要な情報は、この１ページ目で確認できます

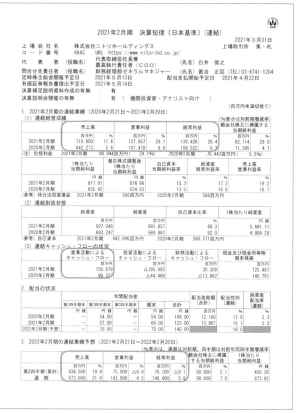

3 そもそも連結ってどういう意味？

決算短信などの決算書を見ていると、**「連結決算」「連結業績」**という言葉を目にすることがあります。これは、親会社だけでなく、国内・海外子会社および関連会社を含めたグループ全体を連結した決算という意味です。

連結決算では、企業グループ全体の連結損益計算書や連結貸借対照表、連結キャッシュフロー計算書などを**連結財務諸表**として公開します。

1978年3月期決算から連結での作成が義務付けられましたが、日本では長年単独決算を重視していたこともあり、連結決算の情報開示はほとんど行われていませんでした。

しかし、2000年3月期から証券取引法（現在の金融商品取引法）のディスクロージャー（情報開示）制度が見直され、現在では、連結決算中心の情報開示になっています。

連結決算が一般的な米国や英国企業との国際競争力を比較するためにも、日本もグループ企業全体の実態を開示する必要があります。

現在、日本企業でも導入が広がっているＩＦＲＳ（国際財務報告基準）では、連結決算での開示が求められています。企業グループ全体の決算である連結決算が今は主流です。

4 有価証券報告書の読み方

決算短信で最新の売上高や営業利益の成長性を確認してから、さらに深掘りする時に活用できるのが**「有価証券報告書」**（略して有報とも言われます）です。

有価証券報告書を見ると、**「稼ぎ頭のセグメントはどこか」「財務は安定しているのか」「この企業の課題は何か」**などがわかります。

有価証券報告書は、企業実態を数字で客観的に見ることができる貴重な資料です。企業の平均給与なども知ることができます。

有価証券報告書を見る際の重要ポイントは、次の3つです。

1. 事業の状況
2. 貸借対照表
3. 損益計算書

それぞれについて説明します。

1．事業の状況

事業の状況には、その企業の経営方針、経営環境や市場動向、取り組んでいる課題、リスクなどについて書かれていることが多いため、**企業分析と業界分析に役立ちます**。

また、その企業の抱える課題と将来展望や、セグメント別の解説があるので、まず、ここをチェックします。

企業の抱えている課題に対して、どのように取り組んでいくかの記載や、将来展望の記載を確認して実現可能か、どれくらい企業に「課題」と「未来」に対しての意気込みがあるかなどを判断します。ここで全てを把握することはできませんので、具体的に企業分析をする際の入り口の材料として読んでおきます。

セグメントを把握しておくことは重要です。その企業が、**何のセグメントで一番利益を出しているのか**、その企業の「柱」を知らなければ、何の「テーマ株」かを判断することすら難しくなってしまいます。

図5-2 ニトリホールディングスの事業の状況

EDINET提出書類
株式会社ニトリホールディングス(E03144)
有価証券報告書

第2 【事業の状況】

1 【経営方針、経営環境及び対処すべき課題等】

(1) 会社の経営の基本方針

当社グループは、「住まいの豊かさを世界の人々に提供する。」というロマン（志）を社員一人ひとりの行動の原点として共有し、当社グループの力を結集して長期ビジョンの実現に全力を尽くすことを企業活動の指針としております。

そのため、グローバルチェーンの確立により、世界のより多くのお客様に、品質が維持された商品をお求めやすい価格で提供すること、並びに住空間をトータルコーディネートする楽しさを提案することを基本方針としております。

(2) 目標とする経営指標

当社グループは、より多くのお客様へ住まいの豊かさをお届けするため、店舗網の充実を重要な指標と位置付け、2022年までに国内及び海外を合わせ店舗数1,000店舗を目標として積極的な店舗展開をすすめてまいりました。今後もお客様の買い物の仕方の変化を踏まえ、より利便性の高い店・サービスを提供する観点から、引き続き店舗網及びEコマースの最適化を図ってまいります。

(3) 中長期的な会社の経営戦略

当社グループは、「住まいの豊かさを世界の人々に提供する。」というロマンを実現するために、中長期ビジョンである「2022年 1,000店舗、2032年 3,000店舗」の達成に向けた経営戦略を策定しております。「2022年 1,000店舗」の達成に向けては、国内541店舗（前期比107.1%）、アジアを中心として海外66店舗（前期比93.0%）となり、合わせて607店舗（前期比105.4%）となりました。今後もロマン実現に向け、国内におきましては、人口構造の変化や暮らしに対するニーズの変化及びテクノロジーや商品・サービスの進化に対応すべく事業領域の拡大を図ってまいります。また海外においては、グローバル事業強化プロジェクトをグローバル販売事業推進室へと進化させ、日本で培った仕組み・システム・人材育成などのノウハウのグローバル展開を強力に推し進めてまいります。

(4) 会社の対処すべき課題

中長期ビジョンの達成に向けた取り組むべき課題として、1)「グループ成長軌道の確立と新たな挑戦」、2)「お客様の暮らしを豊かにする商品・店・サービスの提供」、3)「グローバルチェーンを支える組織と仕組み改革」を設定し取組みを行っております。

1)「グループ成長軌道の確立と新たな挑戦」におきましては、国内ニトリ事業は革新性を保ち持続成長を目指す一方、中国を中心とする海外への事業展開や、より小商圏に対応したフォーマットの強化・BtoB事業の拡大、新規市場への挑戦等、新たな収益の柱の育成に努めてまいります。

2)「お客様の暮らしを豊かにする商品・店・サービスの提供」におきましては、社会における技術革新やお客様の購買行動の変化を正しく捉え、徹底した顧客視点で商品・お店・サービスを見直し、新しい価値を提供し続けます。

3)「グローバルチェーンを支える組織と仕組み改革」におきましては、上記のような変革に向け、基幹システム刷新やサプライチェーンの再構築、部署横断的かつ専門的な課題に対応する組織へ変革と人財育成を進めてまいります。

引き続き、これらの課題の達成に向けて邁進してまいります。

（出所：ニトリホールディングス　IR）

「事業の状況」は、企業分析、業界分析に役立ちます

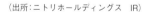

2．貸借対照表

その企業の経営が安定しているかどうかの判断材料になるのが「貸借対照表」です。「貸借対照表」では、**純資産の割合に注目します。**「純資産」は返済する必要のない資金（自己資本）であるため、多ければ多いほど財政状況が安定した会社だと言えます。

一方、「負債」が多い場合は返済する必要のある借金が多いため、その企業の財務が不安定になります。一般的に、純資産の割合が総資産の70％以上であれば理想的で、40％以上あれば倒産しにくいといわれています。

3．損益計算書

売上高や利益などの経営成績については「損益計算書」を見ます。企業が1年間で出した利益と費用について記載されています。

ポイントは、前年度と比較することです。企業の成長は、**前年度と比べて売上や利益などの業績が向上しているのか、**下降しているのかを数字で判断できます。

5【事例解説】RIZAPの株価暴落は、決算短信に表れていた！

CMでもおなじみのRIZAPと言えば、株価が10倍に拡大した銘柄として有名です。しかし、中身を詳しく見てみると、ある段階から成長に歪《ひず》みが生じていました。それは、決算短信からも読みとることができました。

RIZAPの事例は、その他の企業でも同じようなことが起きた場合の参考になりますので、この機会にぜひ覚えてください。

ここでは、決算短信の確認する部分の知識を広げるという意味で、複数年の営業利益と営業活動によるキャッシュフローの推移の変化をチェックする方法を確認していきましょう。

RIZAPグループの2015年3月期〜2018年3月期までの通期決算短信を、ご紹介します。

RIZAPグループ　2015年3月期　決算短信

図5－3を見ると2015年3月期は、営業利益21億円と営業活動によるキャッシュフロー20億円の金額に大きな乖離はありません。この段階では、まだ何とも言えません。

チェックポイント

「営業利益」と「営業活動によるキャッシュフロー（営業キャッシュフロー）」に大きな乖離がないかを確認。

営業活動によるキャッシュフローとは、会社の本業で現金を稼ぐ力を表しています。営業利益が何年も出ているのに営業キャッシュフローが何年も赤字、もしくは、営業利益と営業キャッシュフローの数字に大幅な乖離がある場合には、その利益は本当なのか、怪しいのではないかと疑いを持つ必要があります。

図5-3 RIZAPグループ2015年3月期の決算短信

1. 平成27年3月期の連結業績（平成26年4月1日～平成27年3月31日）

(1) 連結経営成績　（%表示は対前期増減率）

	売上高		営業利益		経常利益		当期純利益	
	百万円	%	百万円	%	百万円	%	百万円	%
27年3月期	39,101	6[illegible].5	2,108	87.0	1,946	49.3	1,636	△39.4
26年3月期	23,910	34.0	1,127	35.5	1,303	38.5	2,698	571.0

（注）包括利益　27年3月期　1,728百万円　（△35.4%）　26年3月期　2,[illegible]6百万円　（490.7%）

	1株当たり当期純利益	潜在株式調整後1株当たり当期純利益	自己資本[illegible]期純利益率	総資産経常利益率	売上高営業利益率
	円 銭	円 銭	%	%	%
27年3月期	13.26	13.26	[illegible].9	5.8	5.4
26年3月期	21.86	—	70.[illegible]	6.6	4.7

（参考）持分法投資損益　27年3月期　—百万円　26年3月期　—百万円

（注）1. 当社は、平成27年1月1日付で普通株式1株につき2株の株式分割、平成27年5月1日付で普通株式1株[illegible]
2. 1株当たり当期純利益及び潜在株式調整後1株当たり当期純利益については、当該株式分割が前連結会[illegible]定しております。

(2) 連結財政状態

	総資産	純資産	[illegible]己資本比率	[illegible]
	百万円	百万円	%	円 銭
27年3月期	39,294	[illegible]	16.8	53.44
26年3月期	27,948	5,675	18.4	41.63

（参考）自己資本　27年3月期　6,601百万円　2[illegible]年3月期　5,142百万円

（注）1. 当社は、平成27年1月1日付で普通株式1株につき2株の株式分割、平成27年5月1日付で普通株式1株につき2株の株式分割を行っております。
2. 1株当たり純資産については、当該株式分割が前連結会計年度の期首に行われたと仮定して算定しております。

(3) 連結キャッシュ・フローの状況

	営業活動によるキャッシュ・フロー	投資活動によるキャッシュ・フロー	財務活動によるキャッシュ・フロー	現金及び現金同等物期末残高
	百万円	百万円	百万円	百万円
27年3月期	2,024	679	1,570	8,383
26年3月期	789	363	965	4,137

大きな乖離はない

（出所：RIZAPグループ　IR）

2015年3月期は、営業利益と
営業キャッシュフローの金額に
大きな乖離はありません。
この段階ではまだ何とも言えません

RIZAPグループ　2016年3月期　決算短信

おやっと思うのは、2016年3月期の決算発表からです。50・7億円もの営業利益をたたき出しているのに、営業キャッシュフローはわずか6・5億円です（図5－4）。ただ、これは一時的な減少かもしれませんので、単年度で判断することはできません。むしろ、この時期は、利益の成長スピード（伸び率）が加速して、それが株価の上昇を引き起こしているようにも見えます。

このように企業の成長が加速しているように見える場合、その銘柄は人気化して、株価が上昇する傾向があります。

チェックポイント

営業利益と営業キャッシュフローの一時的な乖離かもしれないので、単年度だけではまだ判断しない。

図5-4 RIZAPグループ2016年3月期の決算短信

1. 平成28年3月期の連結業績（平成27年4月1日～平成28年3月31日）

(1) 連結経営成績　（%表示は対前期増減率）

	売上高		営業利益		経常利益		親会社株主に帰属する当期純利益	
	百万円	%	百万円	%	百万円	%	百万円	%
28年3月期	55,448	41.8	5,066	140.3	4,639	138.4	2,466	50.7
27年3月期	39,101	63.5	2,108	87.0	1,946	49.3	1,636	△39.4

(注)包括利益　28年3月期　2,291百万円　(32.5%)　27年3月期　1,728百万円　(△35.4%)

	1株当たり当期純利益	潜在株式調整後1株当たり当期純利益	自己資本当期純利益率	総資産経常利益率	売上高営業利益率
	円 銭	円 銭	%	%	%
28年3月期	19.44	19.43	[illegible]	[illegible]	9.1
27年3月期	13.26	13.26	[illegible]	[illegible]	5.4

(参考) 持分法投資損益　28年3月期　―百万円　27年3月期　―百万円

(注)1. 当社は、平成27年1月1日付で普通株式1株につき2株の株式分割、平成27年5月1日付で普通…

2. 1株当たり当期純利益及び潜在株式調整後1株当たり当期純利益については、当該株式分割が…

(2) 連結財政状態

	総資産	純資産	[illegible]	[illegible]
	百万円	百万円	[illegible]	[illegible]
28年3月期	54,293	12,537	21.4	91.10
27年3月期	39,294	7,486	16.8	53.44

(参考) 自己資本　28年3月期　11,609百万円　27年3月期　6,601百万円

(注)1. 当社は、平成27年1月1日付で普通株式1株につき2株の株式分割、平成27年5月1日付で普通株式1株につき2株の株式分割を行っております。

2. 1株当たり純資産については、当該株式分割が前連結会計年度の期首に行われたと仮定して算定しております。

(3) 連結キャッシュ・フローの状況

	営業活動によるキャッシュ・フロー	投資活動によるキャッシュ・フロー	財務活動によるキャッシュ・フロー	現金及び現金同等物期末残高
	百万円	百万円	百万円	百万円
28年3月期	648	△3,922	5,203	10,311
27年3月期	2,024	679	1,570	8,383

営業利益50.7億円に対して、
営業キャッシュフローが
6.5億円と少ない…

（出所：RIZAPグループ　IR）

営業利益と営業キャッシュフローの
一時的な乖離かもしれないので、
単年度だけではまだ判断しません

RIZAPグループ　2017年3月期　決算短信

次に、図5-5を見てください。2017年3月期の数字を見ると、営業利益102.1億円に対して、営業キャッシュフローは1.8億円とさらに乖離の幅が広がりました。利益成長スピードはさらに加速していますが、単年度だけではなく2016年度3月期と2017年度3月期の複数年度で、営業利益と営業キャッシュフローの乖離が確認できました。

営業利益の成長スピードは加速しており、株価の上昇は続く可能性はあるものの、やはり**「何かおかしい」「違和感がある」と、立ち止まって考えてみるべき局面**です。

この利益急増の背景を簡単に述べると、**負ののれん**という買収に絡む利益（発生益）を計上したことによるものでした。負ののれんとは、M&A（合併と買収）の際に、被買収会社（買収された会社）の持つ純資産額よりも低い金額で買収できた場合に発生します。

たとえば、純資産額10億円の会社を9億円で買収できたとしたら、差額の1億円を利益として計上します。ただし、安く買える会社はそれなりに問題があるから安いわけであり、将来的に立て直しに失敗すると、その後の利益を圧迫することになります。

図5-5 RIZAPグループ2017年3月期の決算短信

1. 平成29年3月期の連結業績(平成28年4月1日～平成29年3月31日)

(1) 連結経営成績

(%表示は対前期増減率)

	売上高		営業利益		税引前利益		当期利益		親会社の所有者に帰属する当期利益		当期包括利益合計額	
	百万円	%	百万円	%	百万円	%	百万円	%	百万円	%	百万円	%
29年3月期	95,299	76.7	10,212	223.3	9,604	242.2	7,801	444.0	7,678	383.7	8,118	455.5
28年3月期	53,937	―	3,159	―	2,806	―	1,434	―	1,587	―	1,461	―

	基本的1株当たり当期利益	希薄化後1株当たり当期利益	親会社所有者帰属持分当期利益率	資産合計税引前利益率	売上高営業利益率
	円 銭	円 銭	[illegible]	[illegible]	%
29年3月期	60.25	60.25	[illegible]	[illegible]	10.7
28年3月期	12.51	12.51	[illegible]	[illegible]	5.8

(参考) 持分法による投資損益　29年3月期 ―百万円　28年3月期 ―百万円

(2) 連結財政状態

	資産合計	資本合計	親会社[illegible]所有[illegible]	[illegible]	[illegible]帰属持[illegible]
	百万円	百[illegible]	[illegible]	[illegible]	円 銭
29年3月期	95,648	[illegible]1,454	[illegible]	[illegible]	133.54
28年3月期	53,777	11,137	10,226	19.0	80.25

(3) 連結キャッシュ・フローの状況

	営業活動によるキャッシュ・フロー	投資活動によるキャッシュ・フロー	財務活動によるキャッシュ・フロー	現金及び現金同等物期末残高
	百万円	百万円	百万円	百万円
29年3月期	175	2,914	11,088	24,643
28年3月期	868	△3,973	5,137	10,483

営業利益102億円に対して、営業キャッシュフローが1.8億円と、さらに乖離が広がった！

(出所：RIZAPグループ　IR)

複数年度で営業利益と
営業キャッシュフローの乖離が発生したら、
違和感の原因が何かを確認しましょう

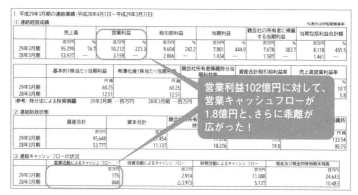

チェックポイント

複数年度で営業利益と営業キャッシュフローの乖離が発生したら、違和感の原因が何かを確認しよう。

RIZAPグループ　2018年3月期　決算短信

次に、図5－6の2018年3月期の決算です。営業利益は135・9億円まで拡大した一方、営業キャッシュフローは0・9億円とさらに減少しました。

営業利益の成長スピードも減速し、株価は2017年末の1500円超えをピークに下落を始めます。

そして、2018年11月には2019年3月期の営業利益が33億円の赤字となることが発表されました。買収した会社の経営再建が遅れたことなどが要因です。

株価は200円台まで下落しました（図5－7）。

図5-6 RIZAPグループ2018年3月期の決算短信

1. 2018年3月期の連結業績（2017年4月1日～2018年3月31日）

(1) 連結経営成績

（%表示は対前期増減率）

	売上収益		営業利益		税引前利益		当期利益		親会社の所有者に帰属する当期利益		当期包括利益合計額	
	百万円	%	百万円	%	百万円	%	百万円	%	百万円	%	百万円	%
2018年3月期	136,201	42.9	13,590	33.1	12,047	25.4	10,741	37.7	9,250	20.5	10,647	31.2
2017年3月期	95,299	76.7	10,212	223.3	9,604	242.2	7,801	444.0	7,678	383.7	8,118	455.5

	基本的1株当たり当期利益	希薄化後1株当たり当期利益	親会社所有者帰属持分当期利益率	資産合計税引前利益率	売上収益営業利益率
	円 銭	円 銭			%
2018年3月期	36.29	36.29			.0
2017年3月期	30.13	30.13			.7

（参考）持分法による投資損益　2018年3月期　△61百万円　2017年3月期　一百

※当社は、2017年10月1日を効力発生日として、普通株式1株につき普通株式2株の割合をもって分割し
基本的1株当たり当期利益及び希薄化後1株当たり当期利益を算定しております。

営業利益135.9億円に対して、
営業キャッシュフローが
0.9億円と大幅に乖離！

(2) 連結財政状態

	資産合計	資本合計	親会社の所有者に帰属する持分	親会社所有者帰属持分比率	1株当たり親会社所有者帰属持分
	百万円	百万円	百万円	%	円 銭
2018年3月期	174,375	42,882	28,401	16.3	111.43
2017年3月期	95,648	21,454	17,018	17.8	66.77

(3) 連結キャッシュ・フローの状況

	営業活動によるキャッシュ・フロー	投資活動によるキャッシュ・フロー	財務活動によるキャッシュ・フロー	現金及び現金同等物期末残高
	百万円	百万円	百万円	百万円
2018年3月期	87	△3,495	22,725	43,630
2017年3月期	175	2,914	11,088	24,643

（出所：RIZAPグループ　IR）

複数年度で
営業利益と営業キャッシュフローの
乖離が発生したら要注意！

図5-7 RIZAPグループ〈2928〉の株価チャート
（週足　2016年2月～2021年3月）

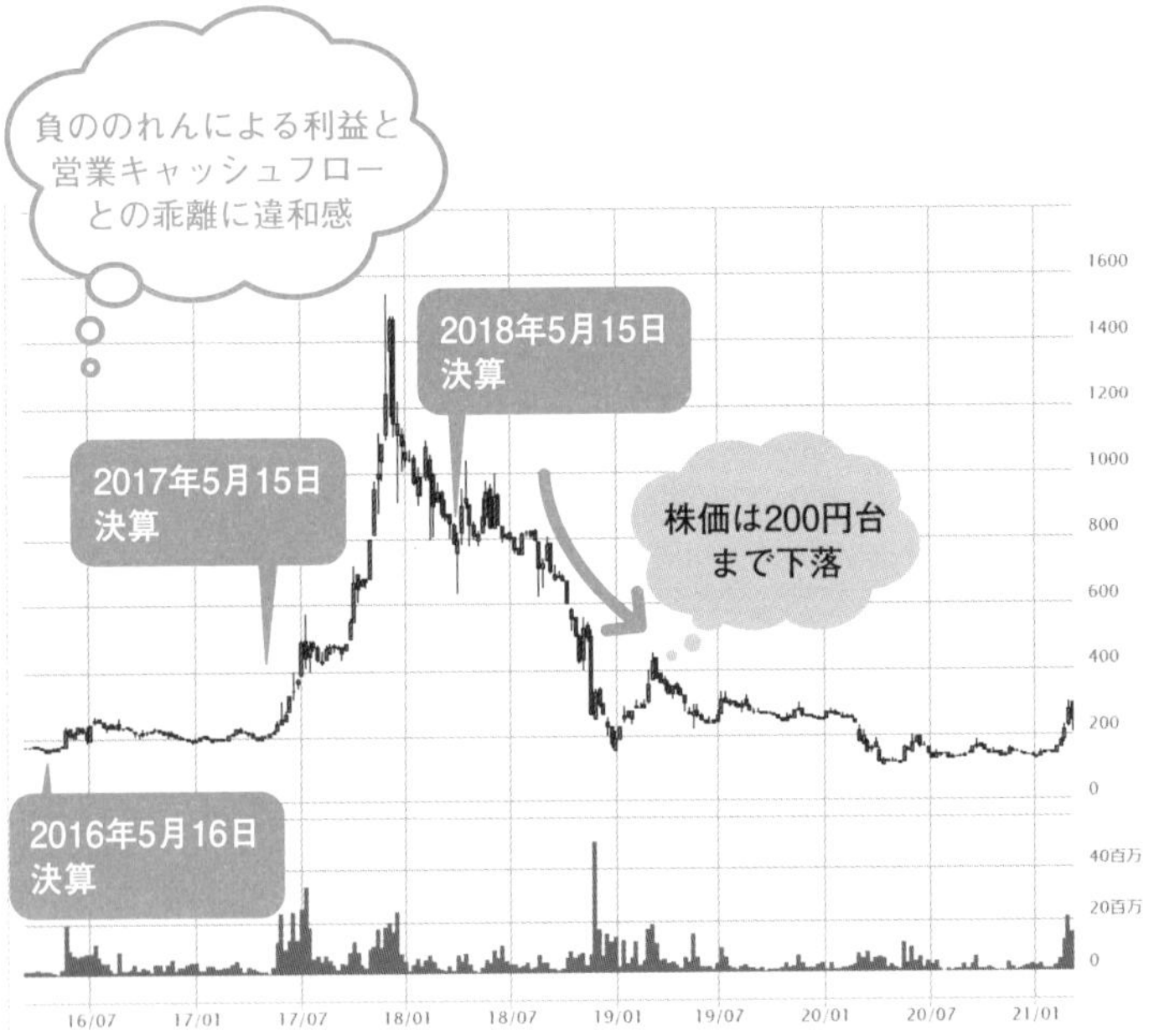

（出所：マネックス証券　銘柄スカウター）

2018年11月には2019年3月期の営業利益が33億円の赤字となることが発表され、株価は200円台まで下落しました

チェックポイント

複数年度で営業利益と営業キャッシュフローの乖離が発生し、かつ乖離の幅が広がっているようなら要注意。危険信号と考えましょう。

いかがでしょうか。決算短信の営業キャッシュフローの項目が重要であることが、ご理解いただけたでしょうか。

6 決算発表における株価反応の5パターンを知ろう!

ここまで、決算短信と有価証券報告書を見ることが重要であることをお伝えしてきました。ここからは、決算発表に対する株価の反応について、投資家が悩んでしまう5つのパターンについて紹介します。

自分が予想していた株価の反応とは異なる状況に直面すると「だから、株はわからない」と諦めてしまう方も多いです。

しかし、よく分析してみると何らかの理由があることが多いです。
以下の典型的な想定外の5パターンについて、実際の事例とともに紹介していきます。

パターン①：上方修正なのに株価が上がらない！
パターン②：達成率が高いのに株価が上がらない！
パターン③：達成率が低いのに株価が下がらない！
パターン④：コンセンサスを上回ったのに株価が上がらない！
パターン⑤：コンセンサスを下回ったのに株価が下がらない！

自分の頭で考えることができる投資家になるために、一緒に学んでいきましょう。

7 パターン①：上方修正なのに株価が上がらない！

東証1部美容機器メーカーのヤーマンを取り上げます。同社は2018年11月19日の大引け（その日の取引時間の終了時）後に事業予想の上方修正を発表しました。

図5-8 ヤーマン〈6630〉の営業利益の予想数値

	第2四半期	通期
前回発表（前期比）	26.5億円	50.2億円（−6.9％）
修正後（前期比）	42.3億円	64.4億円（19.7％）

上方修正

コンセンサス約64.15億円を上回る

（出所：ヤーマン　IR）

上期（第2四半期）の営業利益予想は従来の26・5億円から42・3億円に、通期では50・2億円から64・4億円にそれぞれ引き上げました（図5－8）。

通期の営業利益予想は上方修正で、減益予想から一転して、前期比19・7％増の見通しとなり、コンセンサス（アナリストの予想の平均）の約64・15億円程度も上回りました。この流れを見る限り、文句なしのポジティブな上方修正という印象です。

しかし、実際の株価反応は異なりました。その理由を説明します。

まず、第1四半期実績を見てみると、営業利益は前年同期36・0％増の22・42億円となっていました（図5－9）。つまり、上方修正を発表する前から「当然上振れる

図5-9 ヤーマン2019年4月期
第1四半期の売上高と営業利益

	売上高		営業利益	
	百万円	%	百万円	%
31年4月期第1四半期	7,616	24.9	2,242	36.0
30年4月期第1四半期	6,097	9.6	1,648	48.9

（出所：ヤーマン　IR）

だろう、そもそも減益予想が保守的すぎる」との見立てが強かったのです。

そういった中で発表する上方修正は、株価へのインパクトという点で大きな要因である**「サプライズ感」**が小さくなります。

そして、次に業績（上方修正の内容）を詳しく見ていきます。２０１７年４月期、２０１８年４月期、２０１９年４月期の第１四半期及び第２四半期（上方修正発表時点では推測値ですが）の営業利益の伸び率を見てみると、図５－10のようになります。

第１四半期時点での利益の伸びが減速（48・9％→36・0％）、第２四半期時点でさらに動きが減速（38・0％→19・7％）していることがわかります。

図5-10 ヤーマンの営業利益　3期比較
（2017年→2018年→2019年）

	2017年4月期	増減率	2018年4月期	増減率	2019年4月期
第1四半期	11.07億円	48.9%	16.48億円	36.0%	22.42億円
第2四半期	12.05億円	38.0%	16.63億円	19.7%	19.90億円

（出所：ヤーマン　IR）

また、第1四半期同士の比較ではなく、今度は第1四半期と第2四半期を比べてみましょう。すると、2017年4月期は8・9％の伸びを見せていたにもかかわらず、2019年4月期には、11・2％の減少となっていることがわかります（図5－11）。

もちろん利益の伸び率が鈍化していても、素晴らしい好業績銘柄であることは変わりませんし、成長可能性がゼロだということではありません。

しかし、株価の一番美味しいところ（大きく上昇するところ）は、**「利益（成長性）が加速している時期」**という点から考えれば、上方修正に対する市場反応があまり良いものではなくなってしまうことは理解できるでしょう。

図5-11 ヤーマンの営業利益の伸び率比較（1Q→2Q）

	2017年4月期	2018年4月期	2019年4月期
第1四半期	11.07億円	16.48億円	22.42億円
増減率	↓ 8.9%	↓ 0.9%	↓ −11.2%
第2四半期	12.05億円	16.63億円	19.90億円

（出所：ヤーマン　IR）

コロナ以前ではありますが、２０１８年10月頃からは市場全体の状況が非常に悪かった影響ももちろん大きいのですが、上方修正を発表してからの株価はご覧の通りです（図５－12参照）。

チェックポイント

株価が上がるためには「サプライズ感」と「利益の加速」が重要！

図5-12 ヤーマン〈6630〉の株価チャート
（週足2016年3月～2021年3月）

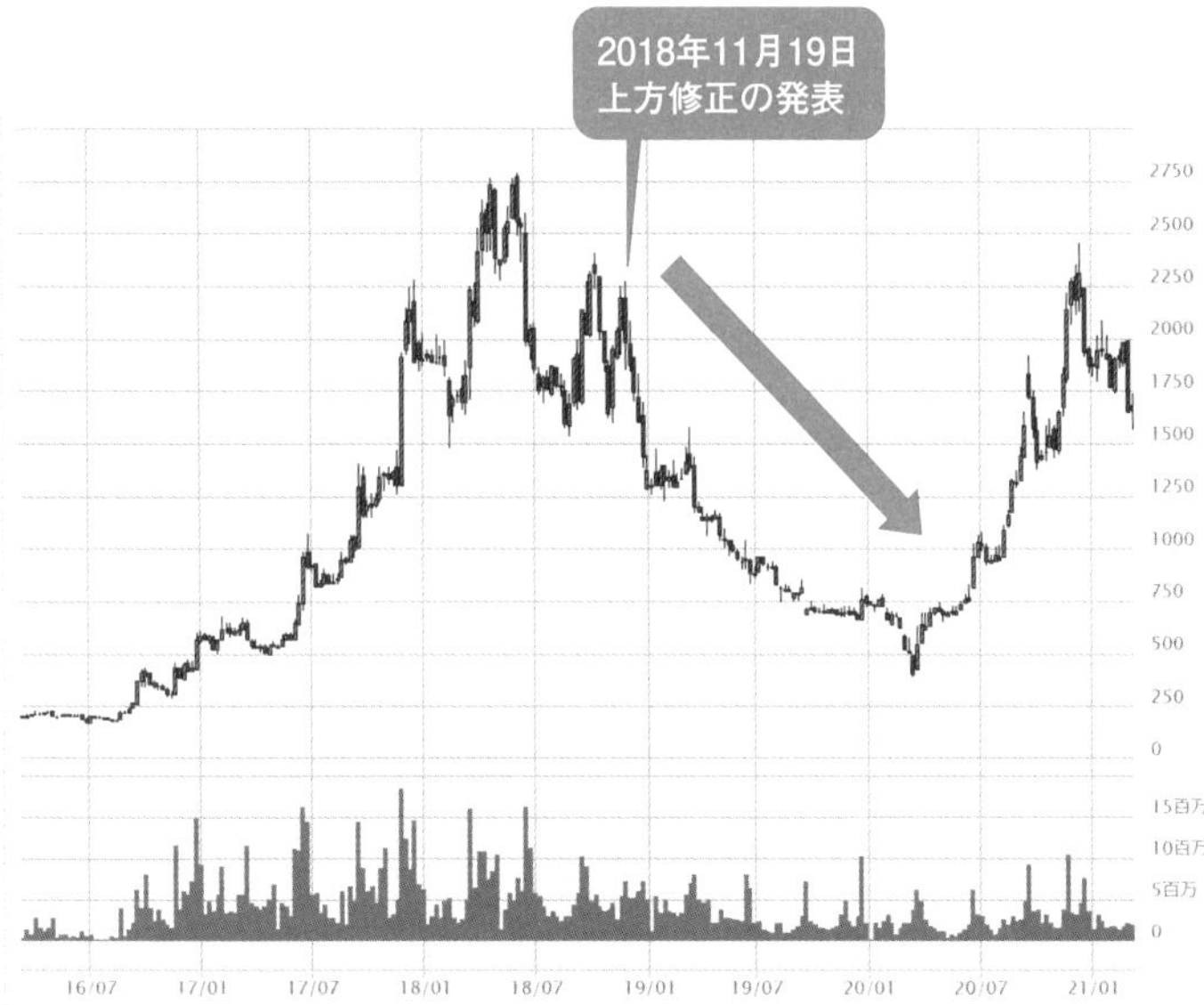

（出所：マネックス証券　銘柄スカウター）

株価が上がるためには「サプライズ感」
と「利益の加速」が重要！

達成率〜四半期ごとの達成度＝進捗率

繰り返しになりますが、四半期ごとの決算発表では、**「進捗率」が重要**です。ここからさまざまなことが読みとれます。進捗率とは、通期の業績予想に対する、四半期ごとの達成率のことでしたね。1年を4分割した四半期で25％ずつ利益を積み増せば、通期予想が達成できると説明しました。

たとえば、第1四半期（1Q）で達成率が25％を大きく超えている場合、「会社予想が保守的で今後、上方修正が出るかも」といった読みができます。

同じように、第2四半期では50％、第3四半期では75％が目安になります。

8 パターン②：達成率が高いのに株価が上がらない！

東証1部の江崎グリコを取り上げます。

同社の2019年3月期第2四半期の上期営業利益の予想は、前年同期比25・8％減の115億円（通期では前期比11・7％減の180億円の見込み）です。

図5-13 江崎グリコ〈2206〉の営業利益の予想数値

	第2四半期
予想（前年同期比）	115億円（−25.8%）
実績値（前年同期比）	128.74億円（−17.0%）

予想より上振れ

（出所：江崎グリコ　IR）

通期計画180億円に対する達成率71%！
（第2四半期であれば50%の達成率で十分）なのに…

これに対して2018年10月31日の大引け後に発表した上期の着地は128・74億円と、予想を上振れました（図5－13）。

通期計画の達成率も第2四半期で71％と好調です。ここまでの情報では、同社も良い状態にあるように思えます。しかし、この事例の場合も実際の株価反応は異なりました。

実は、同社の第1四半期時点の営業利益は前年同期比8・7％減だったのですが、第2四半期の段階では前年比17・0％減に減益幅が拡大しているのです（図5－14）。

上期計画を上回っているものの、通期計画の11・7％減のペースを下回る状況であり、決算に対する株価反応は冴えない展開となりました。

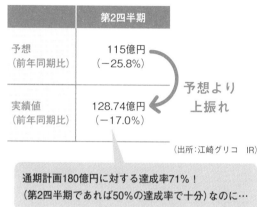

図5-14 江崎グリコの上期営業利益の予想

	2018年3月期	増減率	2019年3月期
第1四半期	65.67億円	−8.7%	59.95億円
第2四半期	155.03億円	−17.0%	128.74億円

減益幅が拡大！

通期計画－11.7%を下回る

（出所：江崎グリコ　IR）

通期計画の達成が危ぶまれ、市場から評価されませんでした

決算発表後の２０１８年11月に大きく売られた後、株価は12月に堅調に推移していますが、こちらはディフェンシブ系（生活に欠かせない食品、医薬品、電力・ガス、鉄道、通信など）の銘柄が物色された影響と見られます。

チェックポイント

「達成率」だけでは業績は判断できない！

図5-15 江崎グリコ〈2206〉の株価チャート
（週足　2016年3月～2021年3月）

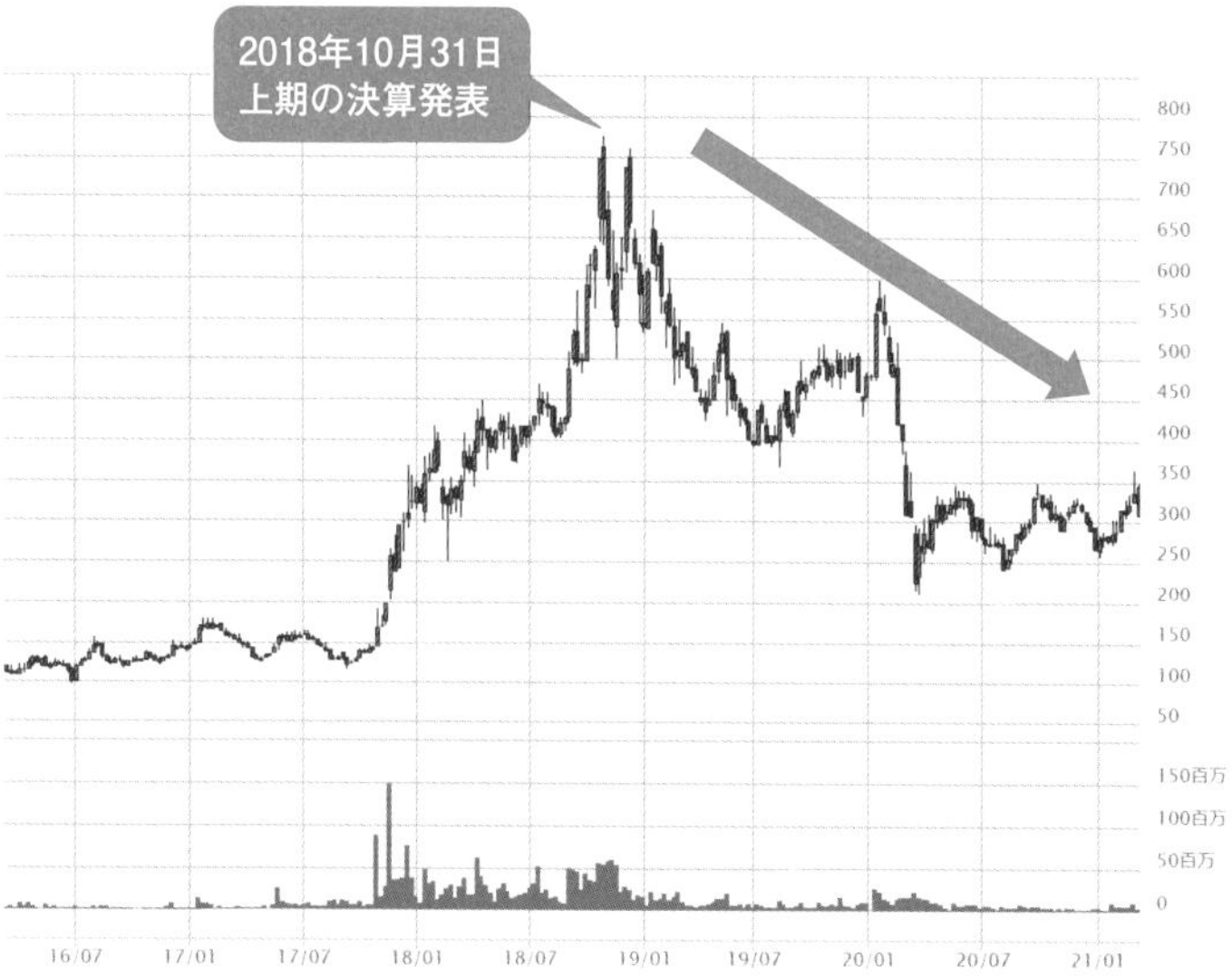

（出所：マネックス証券　銘柄スカウター）

上期計画を上回っているものの、
決算に対する株価反応は
冴えない展開となりました

9 パターン③：達成率が低いのに株価が下がらない！

図5-16 ソースネクスト 上期営業利益の予想と実績

	第2四半期
予想（前年同期比）	4.78億円（9.2%）
実績値（前年同期比）	5.07億円（15.8%）

予想より上振れ

（出所：ソースネクスト　IR）

通期計画24.99億円に対する達成率20%とやや頼りない（第2四半期であれば50%は欲しい）…

東証1部パッケージソフト販売会社のソースネクストを取り上げてみましょう。

同社の2019年3月期の上期計画は、営業利益ベースで前年同期比9・2％増の4・78億円、通期では前期比101・9％増の24・99億円となっています。

これに対して、2018年11月8日の大引け後に2019年3月期の第2四半期決算を発表。営業利益は前年同期比15・8％増の5・07億円となり、上期予想を上振れました（図5－16）。

しかし、通期計画の達成率を見ると、

図5-17 ソースネクスト〈4344〉の営業利益　3期比較
(2017年→2018年→2019年)

	2017年3月期	増減率	2018年3月期	増減率	2019年3月期
第1四半期	4.85億円	−87.2%	0.62億円	37.1%	0.85億円
第2四半期	3.79億円	−1.1%	3.75億円	12.5%	4.22億円
第3四半期	4.76億円	−16.4%	3.98億円	—	—

(出所:ソースネクスト　IR)

20%とやや頼りなく見えてしまいます。

ただし、図5－17を見ればわかるように営業利益の伸びは、第1四半期、第2四半期と増加が続いています。

また、同社は翻訳機「ポケトークW」が当時、非常に話題となっていた銘柄でもあります。明石家さんまさんが出演されている同製品のCMをご覧になった方も多いでしょう。

サイバーセキュリティ、インバウンドなどの人気

図5-18 ソースネクスト〈4344〉の株価チャート
（日足　2018年4月～2018年12月）

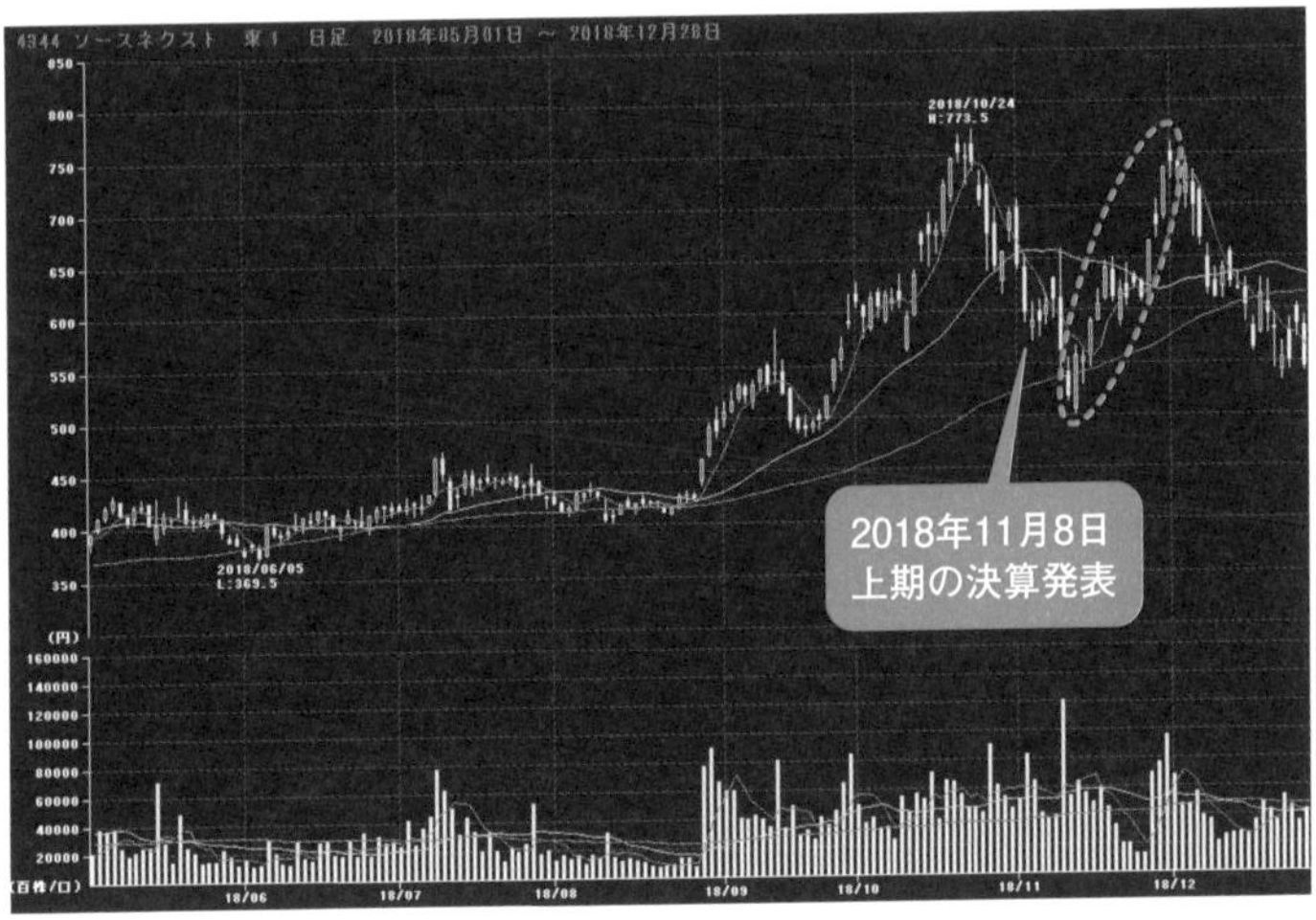

（出所：楽天証券　MARKETSPEED）

通期計画に対する達成率が低くても、
成長期待のほうが大きいので
株価はすぐに切り返して上昇しました

テーマ性も有していることが追い風となっていたことを背景に、達成率が低かったものの下期以降の成長期待が大きく、図5－18のように株価はすぐに切り返す格好となりました（コロナ以前はインバウンド関連、オリンピック関連として期待されていました）。

チェックポイント

通期計画に対する達成率が低くても、その後の成長期待が大きいと株価はすぐに切り返す場合もある。

10 パターン④：コンセンサスを上回ったのに株価が上がらない！

東証1部の小松製作所を取り上げます。

同社は2018年10月29日の大引け後、2019年3月期の第2四半期決算を発表。売上高は前年同期比13・7％増の1兆3180・41億円、営業利益は同80・2％増の2003・07億円でした。営業利益は、コンセンサス（1810億円程度）を上回る着地となりました（図5－19）。

図5-19 小松製作所〈6301〉
2019年3月期の第2四半期決算の売上高と営業利益

	売上高		営業利益	
	百万円	%	百万円	%
2019年3月期第2四半期	1,318,041	13.7	200,307	80.2
2018年3月期第2四半期	1,158,958	45.6	111,184	73.4

コンセンサス
約1,810億円を上回る

（出所：小松製作所　IR）

併せて通期計画も修正。売上高は従来の2兆5030億円から2兆6620億円、営業利益も3390億円から3810億円と、コンセンサスに近い水準までそれぞれ上方修正しています（図5－20）。

こちらに関しては、中国経済の先行き懸念、米中貿易摩擦に対する警戒感などを反映して通期計画を据え置くとの見方があっただけに、上振れ期待も残る上方修正でポジティブな見解が強まり、株価は短期的に上昇しました。

しかし、結局は中国経済の先行き懸念、米中貿易摩擦に対する警戒感などが再燃し、株価は冴えない展開になりました（図5－21）。

また、週足で見れば一目瞭然ですが、

図5-20　小松製作所　2019年3月期通期業績予想

	売上高	営業利益
前回発表	2兆5,030億円	3,390億円
修正後	2兆6,620億円	3,810億円

どちらも上方修正！

（出所：小松製作所　IR）

2018年の初頭から調整基調が継続しており、本格的なリバウンドの流れに戻るにはインパクトが不足していた面があるでしょう。

こうした全体感の中で、コンセンサスを上回っても株価が上がりきれないというパターンもあります。だからこそ、個別銘柄の情報収集や分析だけではなく全体相場の見極めなども必要になってくるわけです。全体相場の見極めについては、このあとの第6章で説明します。

チェックポイント

コンセンサスは重要！　ただし、多角的な視点を持ちましょう。

図5-21 小松製作所〈6301〉の株価チャート
（週足　2016年3月〜2021年3月）

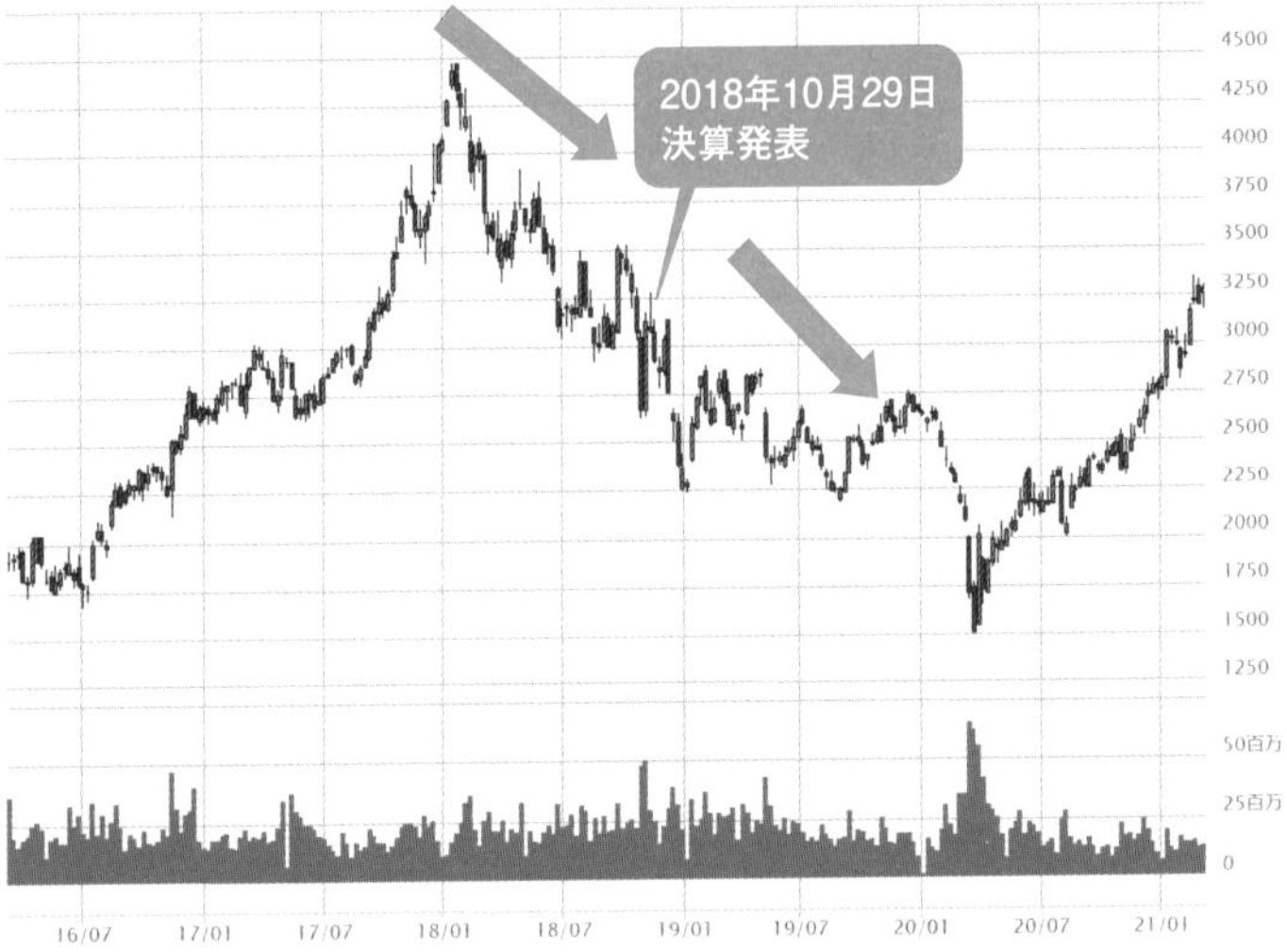

（出所：マネックス証券　銘柄スカウター）

コンセンサスを上回っても、
株価が上がらない場合も！
相場全体の見極めも必要

11 パターン⑤：コンセンサスを下回ったのに株価が下がらない！

東証1部のエイチ・アイ・エスを取り上げてみましょう。

同社は2018年12月11日の大引け後に2018年10月期の決算を発表しました。売上高は前期比20・2％増の7285・54億円、営業利益は同13・3％増の180・24億円で着地。営業利益は従来計画の173億円を上振れましたが、コンセンサスの約210億円はやや下回る形となりました（図5－22）。

さて、コンセンサスを下回った同社株価はいったいどのように推移したのか、見ていくことにしましょう。この場合は、コンセンサスを下回った要因に焦点が当たりました。

具体的には天災の影響を受けたものとされ、主力の海外旅行の領域などは想定以上に好調でした。つまり、避けようのない天災の影響を考慮すれば、良い決算内容であったという評価になるわけです。

また、同社に関しては2019年10月期の通期営業利益予想は、前期比11・0％増の200億円を計画（図5－23）。こちらもコンセンサス予想を10億円ほど下回ってしまっ

図5-22 エイチ・アイ・エス〈9603〉 2018年10月期の売上高と営業利益

	売上高		営業利益	
	百万円	%	百万円	%
2018年10月期	728,554	20.2	18,024	13.3
2017年10月期	606,024	15.7	15,915	11.5

コンセンサス
約210億円を下回る

（出所：エイチ・アイ・エス　IR）

図5-23 エイチ・アイ・エス 2019年10月期の連結業績予想

	売上高		営業利益	
	百万円	%	百万円	%
第2四半期（累計）	374,000	9.6	8,400	10.2
通期	786,000	7.9	20,000	11.0

（出所：エイチ・アイ・エス　IR）

たものの、市場では保守的な計画なだけだと捉えられ、ネガティブな反応は限定的でした。
図5－24を見ると、全体相場の影響を受けて大きくチャートを崩している銘柄が多い時期（特に2018年12月）以降、株価は緩やかかな上昇基調を維持していることがわかります。このように、細かく見ていくと、コンセンサスを下回った＝悪いという単純な図式とはならないことがわかります。

チェックポイント

コンセンサスを下回った＝悪いという単純な図式とはならない。

図5-24 エイチ・アイ・エス〈9603〉の株価チャート
（日足　2018年7月～2019年1月）

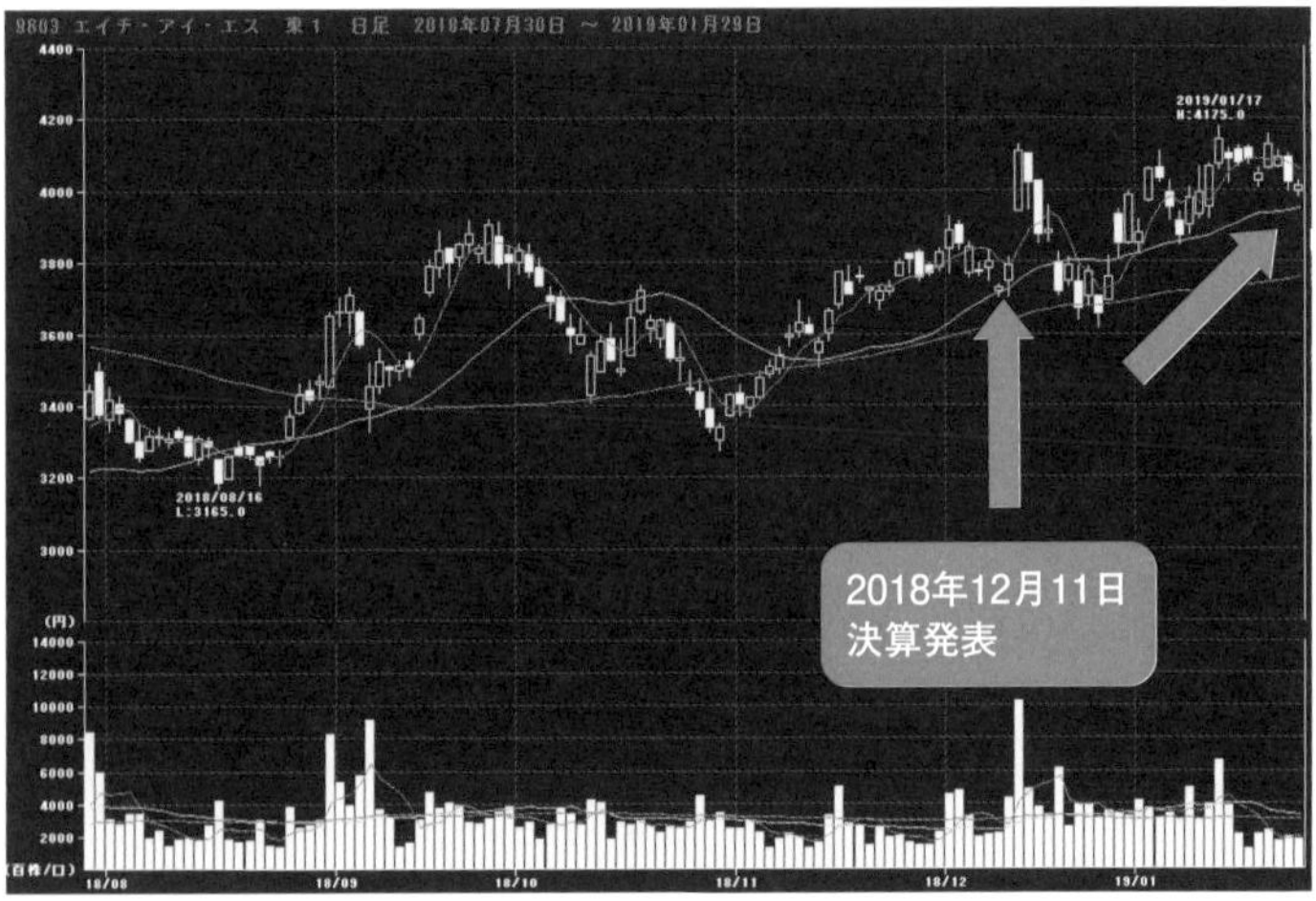

（出所：楽天証券　MARKETSPEED）

コンセンサスを下回りましたが、
株価は緩やかに上昇しています

第6章

相場サイクルで投資チャンスを見極める

1 金融緩和でなぜ、株価が上がるの？

本章では、投資タイミングを理解するための相場のサイクルの見方と、金融の基本的なモノの考え方、情報収集の方法などをお伝えします。

「相場環境」を知ることが重要

アベノミクスの立ち上がりの2013年に、私が医療法人でいきなりトレーダーを任された理由の1つが、「金融緩和時には株が上がる」と、当時の経営陣がよく知っていたことが挙げられます。

しかし、私はその原理がよくわからないまま、知識ゼロからとにかく株式投資を始めました。

この原理をもっと早く理解できていれば、根拠を持った上で、強気のスタンスを取れたと思います。その知識がなかったために、あせって損切りを急ぐなどの失敗を繰り返してしまいました。

アベノミクスが始まって以降、ニュースで毎日のように「日本銀行がETFを購入しているため、株を買い支えている」と報道されていました。たとえば、このニュースの意味を理解できるでしょうか。このような金融政策にまつわるモノの考え方、投資の思考法をここでお伝えいたします。

私は、この思考法をしっかりと理解したことで、7年後の2020年、コロナ禍の中でも株高が続いていることに、疑問を持つことなく相場を見ることができるようになりました。

新型コロナによって経済は大きなダメージを受けているにもかかわらず、2021年5月時点でも株高が続いています。大規模な金融緩和政策によって株価は支えられているからです。

金融政策は繰り返し行われ、この先も世界中で金融引き締めと金融緩和の政策は交互に実施されていくでしょう。

株式投資をする上では、今、金融経済がどの方向に進んでいるのか、まず国の方針の大前提をしっかりと押さえておく必要があります。

政策という大きな流れに逆らってはいけないのです。

ここからは、金融では当たり前の考え方や、よく使う言葉をまとめています。

2 金融緩和とは、市場に出回るお金の量を増やすこと

金融緩和とは、世の中に出回るお金の量を増やすことです。その反対が金融引き締めで世の中に出回るお金の量を絞ることです。

日本銀行は銀行が持っている国債を買い取って現金を銀行に渡し、また、金利を引き下げることで金融緩和を行います。

金利が下がれば、企業も個人もお金を借りやすくなりますので、世の中に出回るお金の量が増えます。

そうすると、企業では研究開発などへの先行投資や工場などへの設備投資も増えます。また、私たち個人の消費行動（個人消費）も活発になり、外食が増え高級品なども売れるようになり、景気の指針とも言われるタクシーの利用率も上がります。

このようにして、金融緩和を行うとお金の流れがスムーズになり、物価が上昇し景気が良くなるのです。

金融緩和とは、市場に出回るお金の量を増やすこと

3 金融緩和で上がる株、上がらない株の違いとは？

金融緩和を行うと、基本的に株式市場は上昇基調になります。しかし、だからといってどんな株でも値上がりするわけではありません。

金融緩和で金利が下がるので住宅ローンを組みやすくなったり、マンションなどの建設ラッシュが起きやすくなったりすることから、建設・不動産株の多くは上昇します。

また、個人消費が活発になりますので、小売業やサービス業が盛り上がりますし、旅行に行く人が増えると、観光業や旅館・ホテル業にも良い影響があります。

個人消費の活況によりEC（電子商取引）が普及することで、様々なものが移動し、物流関連企業も忙しくなります。

一方、金融緩和で必ずしも株が上昇するわけではない業種が電気、ガス、水道などのいわゆる社会インフラを担っている企業です。

これらの企業は、景気が良くなったからといって電気やガス、水道の使用量がいきなり2倍に増えたりすることはありません。

また、製薬会社も景気のよし悪しで飲む薬が倍に増えるわけではありませんので、金融緩和からは遠い銘柄となります。

これらの景気の良し悪しに関係なく需要が安定している銘柄を**ディフェンシブ銘柄**と言い、逆に株価下落時には、これらの銘柄が買われやすくなると言われています。

4 「バブル」と「金利」の関係

1980年代後半に起こった日本のバブル経済は、1985年のプラザ合意（ドル安円高誘導）をきっかけに始まりました。

当時としては史上最低の低金利政策を実施し、それが、不動産バブルを引き起こしたのです。そのバブルをなんとか抑えようと急速に「利上げ」を行ったことで、バブルが崩壊。そこから「失われた30年」とも言われる日本経済の低迷が始まりました。

今の株高は、コロナという危機に直面して、政府が大規模な金融緩和と財政出動をしたことが背景にあります。

今の状況は、「バブル的な側面」があるのは認めざるを得ないでしょう。

図6-1 バブルはなぜ起きるのか？

		日本バブル（1990年前後）	リーマンショック（2006〜08年）	2020年以降
1	危機	1985年プラザ合意で始まった円高	911（2001）テロとイラク戦争（2003）	コロナ禍
2	恐怖	円高恐怖症	目に見えないテロ	感染の恐怖と史上最悪の景気後退期
3	金融緩和	当時としては史上最低金利	低金利の長期化	最後の貸し手から最初の貸し手に
4	財政政策	公共投資	ブッシュ減税	給付金で所得急増
5	過度な楽観	日本が米国に代わり覇権国家になる	優しい保守主義とオーナーシップ社会	ESG、脱炭素、AI、ロボアドバイザー
6	投機対象	不動産（土地・マンション・原野）、株式、ゴルフ会員権、絵画	世界中の不動産、証券化商品	ESG銘柄、暗号資産（仮想通貨）、不動産、ペニー株（ボロ株）
7	先導セクター	不動産、建設、銀行	住宅	ESG、5G、テック、エネルギー
8	金融の技術革新	NTT株、エクイティファイナンス、特定金銭信託、ファンド・トラスト	CSD、証券化商品（CCCがAAAに化ける）	老後資金作りと、ロビンフッド 特別買収目的会社（SPAC、空箱）
9	バブルの正当化	PER50倍でも土地含み益で問題なし	市場経済万能論	無形資産評価
10	投資の民衆化	投資雑誌創刊ラッシュ	値上がり益を返済原資とする住宅投資	ネット掲示板、株スター・ユーチューバー
11	株価予想	日経平均10万円	――	日経平均4万円
12	崩壊のきっかけ	利上げ	損失見積もりの過小評価	――

ただ、大切なことは、「バブルを急にはじけさせずに、いかに軟着陸させるか」ということです。経済が回復し、金融が正常に向かう中で、必ず直面するのが「金利の上昇」です。

2013年の「テーパー・タントラム（かんしゃく）」

足元の金利上昇で、市場関係者の頭によぎるのが、リーマンショック対応の緩和局面であった、2013年5月の出来事です。当時のFRB議長だったバーナンキ氏が市場の予想に反して「緩和の出口」である**量的緩和の縮小（テーパリング）**に言及しました。

これを受けて、マーケットは動揺して金利が急上昇し、株価が急落した「テーパー・タントラム（かんしゃく）」の経験を誰もが鮮明に記憶しており、その再燃が懸念されています。

実際、国際金融協会（IIF）によると、世界の債務総額は2013年の210兆ドルから足元で281兆ドルに増加しており、企業、家計ともに負債が増大している状況で狼狽売りを引き起こしてしまえば、2013年よりも酷い混乱になりかねません。

「かんしゃく」を起こさないように、FRBのパウエル議長は、緩和の縮小の条件が整うには「しばらく時間がかかる"some time"」と述べるに留めています。

２０１３年の経験から、「量的緩和の縮小」という情報によって「かんしゃく」が起きるというよりも、その情報が「突然すぎる」ことによるところが大きいでしょう。

つまり、今のＦＲＢには、市場との対話・コミュニケーションを通じて前もって方向性を示す姿勢が強く求められる、難しい局面が続きそうです。投資家としては、ＦＲＢのメッセージを受け取り、長期金利の値動きを横目に見ながら、投資スタンスを決めなければなりません。

5 投資の現在地を把握するために、相場の「４つのサイクル」を理解しよう

ここでは、投資をしている自分が迷子にならないために、スマホの地図アプリを開いたときのように、常に自分の現在地を把握する必要性についてお話しします。

相場には４つのサイクルが存在し、そのサイクルを想定することで、この先の相場の流れを予測することができます。

4つのサイクルは、**「1．金融相場」→「2．業績相場」→「3．逆金融相場」→「4．逆業績相場」**です。このサイクルは歴史的に見て、逆流することはありません。

現在（2021年半ば）は、大規模な量的緩和を行っている「金融相場」であり、次のサイクルは「業績相場」になります。今は「金融相場」から「業績相場」への移行前の時期だと認識しています。

「金融相場」では、PER（株価収益率）と呼ばれる投資家の〝期待感〟による株価上昇がしばらく続きます。景気はまだ悪いけれど、大幅な金融緩和により、いずれ景気が回復するだろうと投資家が見込んでいるため、株価が大きく上昇するのです。

つまり、この時期は**「不景気の株高」**を生み出すことになり、実体経済との乖離感から「この状況は、バブルか？」と騒がれるのです。

この後には必ず**「業績相場」**に移ります。「業績相場」とは、企業の業績主導によって株価が上昇する時期です。株価は調整（利益確定などの売り）を交えて、底堅く推移する時期がしばらく続きます。

業績相場では、期待通りに景気が良くなり、金融政策が緩和から中立に戻っていき、株

図6-2 相場の4つのサイクル

		景気	金融政策	株価	特徴
1	金融相場	悪い	大幅緩和	◎	PER主導の上昇 景気はまだ悪いが、大幅な金融緩和により株価が大きく上昇。景気は悪いのに、PER主導で株価が上がる。バブルか？　と言われる所以。この後には必ず業績相場に移る。
2	いまここ （2021年半ば） 業績相場 2-3で株価はピーク	良い	緩和〜中立	○	業績主導の上昇 期待通りに景気が良くなり、金融政策が緩和から中立に戻る。株価はゆっくりとした上昇になる。今年のように、企業業績は50%増益だが、株価は10%程度の上昇。PERは低下へ。
3	逆金融相場	良い	大幅 引き締め	×	PER主導の低下 業績相場と逆金融相場で株価はピークに。企業業績が良く、景気も良いとなれば、利上げ、金融引き締めに入ることになる。感覚としては、景気もいい、業績もいいのに株価が下がるのはおかしいといった感覚。
4	逆業績相場	悪い	引き締め〜 中立	×	業績主導の下落 業績が悪いので株価が下がる。

価はゆっくりとした上昇になります。つまり、先ほどの金融相場よりも期待による上昇は起きにくいということです。米国の長期金利の上昇ピッチによりますが、２０２１年半ば現在は、「金融相場」と「業績相場」の間におり、しばらくこの時期が継続しそうだということです。

次の**「逆金融相場」**では株価がピークに達し、業績も景気も良いのに株価が下がってきます。そして、次の**「逆業績相場」**では、業績が悪化して株価も下落します。

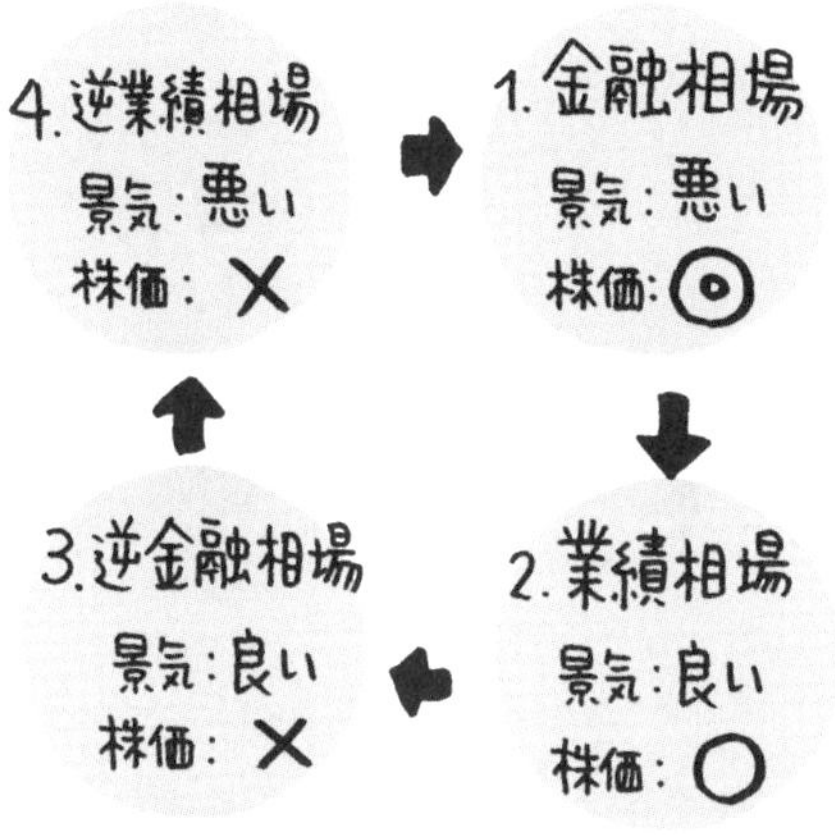

6 株価が動く14の要因

次に、株価が動く14の要因について紹介します。

ここで紹介する要因は、お互いに関連しながら動くものもあります。

具体的な例としては、コロナによる「景気」の悪化があります。この状況に対して、各国は「金利」を引き下げる金融緩和によって経済を下支えしようとしています。

しかし、景気が良くなってくれば、いつまでも「ゼロ金利・低金利」を続けることはできません。そこで、金融政策は利上げに移行していき、結果、「金利」が上昇します。

特に、**米国の長期金利が上昇すると米国の通貨「ドル」に人気が集まり、「ドル高・円安」の方向に為替が動きます**。

為替の値動きは株価にも影響します。「景気」「金利」「為替」「株価」は特に、連動性が強いので覚えておきましょう。

1．GDP（国内総生産）

ＧＤＰは1年間に国内で新しく生み出された生産物やサービスの総額です。ＧＤＰは１年ごとの確報値以外に、３か月ごとの速報値が内閣府より発表されます。国の経済力を示す目安として非常に重要な指標ですが、発表回数が年に4回と、集計から発表までタイムラグがあるため、１四半期前の経済が良かったのか悪かったのかを「確認」する意味合いで使用することが多いです。

一方、世界銀行や国際通貨基金（ＩＭＦ）、ＯＥＣＤ（経済協力開発機構）は世界の経済見通しとして、各国のＧＤＰの予測値を発表しています。この「予測のデータ」は把握しておくべきものです。たとえば、コロナ禍でも中国のＧＤＰはプラス成長しており、さらに、２０２１年は８％以上プラス成長するといった予想を出しています。

2. 景気

景気が良くなると株価が上昇しやすくなり、景気が悪くなると株価は低迷します。

ただし、景気の波と株価は同じように動くのではなく、株価は景気を先取りして動く特性があります。**株価は、景気の先行きを半年から1年ほど先取りして動く**とも言われます。

3. 為替

為替も株価が大きく動く要因の1つです。自動車メーカーや電気メーカーなどは、輸出で利益を得ていますが、後ほど詳しく述べるように、円安になると製品を輸出しやすくなり利益が増えます。日本はトヨタ自動車を筆頭に、自動車産業などの輸出企業が稼いでいることから、**円安になると、株価が上がりやすい**のです。

4. 金利

一般的に、金利の上昇は株価の下落、金利の低下は株価上昇の要因になります。

その理由は、金利の上昇によって国債の魅力が高まることから、リスクの高い株式からリスクの低い債券へと、資金を移す人が増えるからです。

また、企業にとっては金利上昇によって銀行からお金を借りにくくなるため、設備投資がしにくくなり、成長が止まってしまうという悪影響が考えられます。

5. 企業業績

株価を動かす要因の中でも大きなインパクトになるものが、企業業績です。

業績が良い企業は、今後、設備投資や新製品の開発、配当金の増加などが期待できます。

これにより企業の価値が高まることが予想され、株価は上昇します。

企業業績は、過去の年度の数字も重要ですが、次年度以降の数字はさらに重要です。前期まで好調な業績でも、**今期、来期の業績予想が悪いと、株は売られやすくなります。**

6. 需給（需要と供給）

株式の需給に直接影響を及ぼす投資家には、海外投資家、機関投資家、個人投資家などが挙げられます。

日本の株式市場においては、海外の年金基金、投資信託、保険会社、ヘッジファンドなどの外国人投資家の売買シェアが5割以上を占めています。**日本の株価は、外国人からの関心があるかないかに大きく左右される**ということです。

7. NYダウ

株式市場における米国の影響力は非常に大きいです。NYダウとは、米国の代表的な企業30銘柄から平均株価をリアルタイムで算出した指数です。ニューヨーク証券取引所全体の時価総額は日本の東証1部全体の約4倍を誇っています。ニューヨーク証券取引所のうちの30銘柄で構成されているNYダウの時価総額も、日本の東証1部全構成銘柄の時価総額を上回ると言われています。

巨大企業が名を連ねる米国の「NYダウ」は世界中の株価に影響を与えています。ニューヨーク証券取引所の取引終了時間は日本時間の朝6時頃となり、**NYダウの影響がそのまま日本の株価にも表れた値動き**となります。

8．公募増資

公募増資とは、資金調達の手法の1つで、既に株式を上場させている企業が広く一般の投資家を対象に、新たに株式を発行して資金調達することです。時価を基準に少し割安にした価格で新株式を発行します。

株主層の拡大や市場での流動性の向上といったメリットがあります。最近の傾向では、**公募増資を発表すると株価が下落することが多い**です。しかし、短期的には株価が下落しても、調達した資金が成長投資へ振り向けられる場合は、長期的に株価の上昇に繋がる可能性があります。

9．第三者割当増資

第三者割当増資とは、特定の第三者に新株を引き受ける権利を与えて行う増資のことです。株式を引き受ける申し込みをした第三者には、新株もしくは、会社が処分する自己株式が割り当てられます。

第三者割当増資を実施すると、発行済株式総数が増加します。株式総数が増加するということは、1株当たりの価値が減少するということであり、**第三者割当増資の実施が発表されると、株価はこれを嫌気して大幅に下落することが多い**です。

一方、増資の引受先の企業とのシナジー効果によって、売上が向上すると期待された場合は、株価が上昇することもあります。

10. ライツ・イシュー（新株予約権無償割当）

ライツ・イシューは増資手法の1つで、既存株主全員に新株予約権を無償で割り当て、権利行使を受けて新株を発行することを指します。増資に応じる株主は、新株予約権を行使して株式を取得でき、増資に応じない場合は、新株予約権自体を市場で売却することができます。

第三者割当増資などと比較して、既存株主への悪影響を避けることができる増資手法として、欧米では定着しています。新株予約権を行使したり売却したりできるため、持ち分の希薄化を避けられます。

11．ＴＯＢ（株式公開買付）

ＴＯＢは「Take Over Bid」の略です。あらかじめ買付価格、買付数、買付期間等の条件を公表し、不特定多数の株主から株を買い付ける行為のことです。合併・買収の手段として使われます。２０２０年9月30日にはＮＴＴが、子会社ＮＴＴドコモを完全子会社とするために、ＴＯＢを実施。ＮＴＴドコモもＴＯＢに賛同を表明しており、ＴＯＢ終了後、ＮＴＴドコモは上場廃止となりました。

対象企業の賛同を得て行う**「友好的公開買付け」**と、賛同を得ないで行う**「敵対的公開買付け」**があります。敵対的公開買付けは、コロワイドによる大戸屋ホールディングスへのケースが挙げられます。ＴＯＢを行う場合に提示する買付価格は、市場価格よりも高めに設定するのが一般的です。ＴＯＢに応じる株主を増やす必要があるからです。そのため株価の上昇要因となることがあります。ＴＯＢ後には上場廃止になることもあります。

12．ＭＢＯ（マネジメント・バイアウト）

ＭＢＯとは「Management Buyout」の略です。企業の経営陣自ら自社の株式や事業を買収し、会社から独立する手法のことを指します。株式非公開とするための手段として使われることもあります。ＭＢＯもＴＯＢと同様、買付価格に寄った値動きとなるため、株価は大きく動きます。急騰するケースが多いですが、急落する場合もあります。実施後に上場廃止となることが多い点もＴＯＢと同じです。

13. 株式分割

株式分割とは、既に発行されている株式を分割することを指します（1株を2株に分割など）。株主には当然、分割された株式が新たに割り当てられます。分割されると株価は修正されます。たとえば、株価が1株当たり2000円の株式を2株に分割した場合、1株の株価は1000円になります（保有株数は100株から200株に増加）。「結局、金額は変わらないんじゃない？」と思った方は正解です。

たとえば、1株1万円という株価の場合、この株を買おうとすると最低単元が100株なので購入金額が100万円必要になり、購入できる人が限られてしまいます。このような**価格の高い株式を分割することで、購入できる投資家を増やし、株式の流動性が高まる**というメリットがあります。株式分割は発表されると株価上昇に繋がることが多いです。

14. 自社株買い

自社株買いとは企業自身が自社の株を株式市場の時価で買い戻すことです。一度メルカりに出品した品を、自分で落札して買い戻すと言ったらわかりやすいでしょうか。買い戻した株を消却することで、発行済みの株式数が減少しますので、1株当たりの株価が上がります。発行済みの株式数が減ることは、1株当たりの配当金の増加などが期待できるため、ポジティブな材料として受け止められることが多いです。

ただし、企業によっては、買い戻した株の消却を行わず、しばらくしてからその株を改めて売る場合もあるため、その点は注意が必要です。

7 円高・円安とは

紹介した「14の要因」のうち、為替について少し補足します。円高と円安がよくわからなくなってしまうという人が多いので、絶対に忘れない覚え方をお伝えします。

円が高い・安いというのは、通常は「ドルと比べて」高いのか、安いのかで判断します。円の値段だけを見ていると、円高・円安はいつまでたっても理解できません。必ず、「ドルと比べて」ください。ドルから見て円がどう見えるのか。米国の西海岸に立って、太平洋の向こうの日本列島を見ているイメージで覚えると忘れません。具体的に円高・円安とは、次のようなことを表します。

円安：1ドル100円で交換できたのが、120円出さないと交換できなくなった場合は、円の価値が安くなった。つまり円安です。

円高：1ドル100円で交換できたのが、80円で交換できるようになった場合は、円の価値が高くなった。つまり円高です。

トヨタが円高でダメージを受けるのはなぜ？

よくニュース番組で「円高の影響でトヨタの業績が悪化」というトピックを耳にすることがあります。日本を代表する企業であるトヨタ自動車は、日本を支えている企業の1つです。

そのトヨタがダメージを受けることは、日本経済もダメージを受けることになります。トヨタが円高になると儲からなくなるカラクリは、しっかりと押さえておきましょう。

トヨタはメインとなる収益（売上）を輸出によって得ている企業であり、「輸出企業」

です。

1ドルの商品を海外で売る場合、1ドル＝100円であれば、100円の売上を手にすることができます。そして、1ドル＝100円が120円の円安になれば、今度は120円の売上に増えます。

逆に、円高が進んで1ドル＝80円になれば、手にできる売上が80円に目減りしてしまいます。つまり、日本企業にとっては円高になるほど、海外に商品を販売したときの売上が小さくなるのです。

たとえば、円高になると米国でのトヨタ車の価格が割高になる（ドルを多く払うことになる）ので、それなら米国産の車を買ったほうが得になるといった状況になります。

このように、**円高になると海外でトヨタの車が売れにくくなり、国際競争力の面でも不利になります**。

自動車メーカーを代表とする輸出企業は、円安であるほど現地で売れやすくなるので多くの利益を手にすることができます。トヨタやホンダほどの大手自動車メーカーになると、「1円」の円安になるだけでも利益が数百億円も増えると言われます。

逆に、「1円」の円高になるだけで利益が数百億円も目減りしてしまいます。たった1円の為替変動が、企業の利益を大きく変えてしまうのです。

8 全体相場を見極める「6つの株価指数」とは

この項目は、初心者の方向けの内容です。株式市場には6つの株価指数がありますが、それぞれ、どのようなものか詳しい定義をご紹介します。

既にご存じの方は、この項目は読み飛ばしていただいて大丈夫です。

「株価指数」は、次の6つがあることを押さえておきましょう。

1. 日経平均株価（日経225）
2. TOPIX（東証株価指数）
3. 東証マザーズ指数
4. 日経JASDAQ平均
5. NYダウ
6. NASDAQ総合指数

図6-3 6つの株価指数

主な株式指数	対象	算出・公表
日経平均株価(日経225)	東証1部上場企業225社	日本経済新聞社
TOPIX(東証株価指数)	東証1部上場企業の国内普通株式全銘柄	東京証券取引所
東証マザーズ指数	東証マザーズ上場企業の国内普通株式全銘柄	東京証券取引所
日経JASDAQ平均	東証JASDAQ上場企業全銘柄	日本経済新聞社
NYダウ	米国を代表する超優良30企業	ダウ・ジョーンズ社
NASDAQ総合指数	米NASDAQ上場企業全銘柄	全米証券業協会

1. 日経平均株価（日経225）

日本経済新聞社によって選ばれた、東京証券取引所の1部上場企業225社の株価を平均した指数が「日経平均株価（日経225）」です。

1950年9月7日から算出が開始されており、最も一般的な株価指数です。単位は「円」です。

また、この指数を構成している225社については、年に1回見直しがあり、その都度株式市場でも脱落する企業、新規で採用される企業の予想で盛り上がっています。

ユニクロを展開しているファーストリテイリングを筆頭に、この指数に与えるインパクト（寄与度）が大きい銘柄が存在します。つまり、**これら企業の株価が下がると、日経平均自体にも影響してしまう**のです。そういう意味では、次に紹介するＴＯＰＩＸ（東証株価指数）のほうが、株式市場の実態をより正確に反映しているとも言われます。

2．ＴＯＰＩＸ（東証株価指数）

日経平均と異なり、東京証券取引所が算出している株価指数で、東京証券取引所の市場1部（東証1部）に上場する国内の普通株式全銘柄を対象としています。

ちなみにＴＯＰＩＸは時価総額を加味した加重平均を用いて算出されており、基準日（1968年1月4日）の時価総額（＝株価×発行済み株数）を100とした場合の時価総額の増減を示しています。

したがって、時価総額の大きい企業による株価動向が大きい指数と言えます。さらに、東証1部に上場する国内の普通株式全銘柄を対象としていることから、**日経平均よりも実態を正確に反映している**と説明されます。また、日経平均の「円」に対して、こちらは「ポイント」という単位で表します。

3．東証マザーズ指数
4．日経JASDAQ平均

マザーズ指数と日経JASDAQ平均を説明するにあたっては、まず株式市場の種類について理解する必要があります。

ニュースでもよく聞く「東京証券取引所（東証）」ですが、（a）東証1部、（b）東証2部、（c）東証マザーズ、（d）JASDAQ（スタンダード・グロース）の4種類に分かれています。それぞれ異なる上場基準が定められています。

東証2部よりも東証1部のほうが上場基準は厳しいため、一般的には「東証1部上場」であると信頼感がより高まるとされています。

ただ、初心者の方に気をつけていただきたいのは、あくまでもそれは一般論であり、「東証1部であれば業績も財務も絶対安心だ」「東証2部の企業は1部の企業より劣っている」といった見方は誤りです。

実際に東証1部の企業でも、いろいろな不祥事が発生しています。

そして、東証マザーズとJASDAQはいずれもベンチャー企業向けの市場だと言えます（新興企業と呼べない企業も含まれています）。

このマザーズ市場とＪＡＳＤＡＱ市場に上場している銘柄は、東証１部、２部と比較して値動きが大きくなることが多く、大きな利益を狙って投資する個人投資家の方々が好んで物色する傾向があります。これらの市場の値動きを示すのが「東証マザーズ指数」「日経ＪＡＳＤＡＱ平均」です。

※ここまで説明してきた東証の市場区分が変更されます。詳しくは、章末のコラムを参照してください。

5. ＮＹダウ
6. ＮＡＳＤＡＱ総合指数

ＮＹダウとＮＡＳＤＡＱ総合指数、これらはいずれも米国の株式相場の動きを示す指数です。ＮＹダウは「ダウ工業株30種」といった呼び方もある通り、米国を代表する超優良30企業を選出して、指数化しています。ダウ・ジョーンズ社という米国のニュース配信会社が算出していて、１８９６年に農業、鉱工業、輸送などの12銘柄による平均株価として算出が開始され、１９２８年から30銘柄に増加しました。

「日経平均と比べて少ない」と感じる方もいらっしゃるでしょう。９０００社以上の上場企業がある中の30銘柄、つまり世界をリードする超優良企業群だと見れば、米国はもちろん、世界的にも注目が集まる指数ということは納得できます。必ずしも、絶対ではありませんが、NYダウが上昇すると日経平均も上昇するといったパターンもよく見られました。

また、主にハイテク関連などの企業が株式公開している米国の店頭株式市場のことを「NASDAQ（ナスダック）」と言います。多くのハイテク株が属している市場ですが、こちらに上場する全銘柄で構成する時価総額加重平均型の指数が「NASDAQ総合指数」です。NYダウが上昇しても、**NASDAQ総合指数が下落している場合などは、日本でもハイテク関連の銘柄は弱い値動きになることが多い**です。

9 中長期投資のためには、情報収集力を磨こう！ 何をすればいいのか？

四半期ベースで黒字転換する銘柄を探す前に、基本のキとして経済の大前提や大きな流れを把握する力を持つことがとても重要です。

株式投資を始めようと思った方から、最も多い質問が、

「何を見て金融や経済を勉強したらいいですか？」

「どこから情報収集したらいいですか？」

というものです。実は、金融・経済の知識を効率よく身につけるための情報というのは、意外と少ないのです。私が、実際に独学で苦労しながら、たどり着いた情報収集方法を、ここで紹介したいと思います。

情報収集力を磨こう！

情報収集は
基本のキです！
ニャンと!!

10 情報収集は、シンクタンクのレポートをフル活用する！

経済全体の流れを把握することができなければ、長期投資の判断を誤ることになりかねません。景気のトレンドを見ながら、日本という国がどれくらい経済成長しているのか、日本のGDPはどれくらいなのかといった、簡単な数字は頭に入れておきましょう。

その上で、投資先として調べる企業や事業がどの業界に属しているのかを把握するという流れが良いです。あなたが注目している企業が、産業全体のどのあたりに位置していて、どのくらいのシェアの企業なのかを把握することはとても有益です。この業界規模を把握する方法は、次の項目で詳しく紹介します。

経済データを1つ1つ自分で読み解くのもいいですが、日本には優秀なシンクタンクのデータがあります。

しかも、**シンクタンクのレポートは誰でも無料で読めます**。これをフル活用してください。統計データをわかりやすく解説してくれていますので、そのレポートを追いかけるだけでも随分勉強になります。

日本を代表するシンクタンクのエコノミストやアナリストは国の政策に関わる研究会や審議会の委員に就いていることが多いです。つまり、日本の政策や経済のどの部分に力を入れていくべきかに、彼らの意見を反映しているケースが多々あります。

菅義偉首相のブレーンに就任した大和総研グループのチーフエコノミスト 熊谷亮丸氏は1つの例ですが、多くのエコノミストが政策に関与しています。そのため、**私たちも世の中の動きを読み解くために、シンクタンクのレポートを読むことをおすすめ**します。

今は、大量の情報が出回っていて、何を手に取ったらよいか迷ってしまいます。しかし、そんなことに迷っている時間がそもそももったいない。良質なデータ、世の中の中枢に近い情報を、個人投資家でもキャッチアップしておくことで、何歩も先の世界を自分の中に落とし込むことができます。

政策を作って、経済を回している側の人の考えを知らずに生きていくのは、自分のチャンスを失うことにもなりかねないので、非常にもったいないです。

11 マクロ経済の情報収集法 〜シンクタンク、経済研究所のレポートの読み方・使い方

マクロ経済の情報収集なら、これ！　というレポートをご紹介します。

まず、目にしていただきたいのが、野村総合研究所のレポート **「コラム 木内登英の Global Economy & Policy Insight」** です。木内氏が、国の政策当局者としての経験を踏まえて、ほぼ毎日更新。国内外の経済・金融情勢を解説しています。その時々に、テーマとなっている経済・金融の話題をコンパクトに記述されているため、コラム一覧のタイトルを眺めているだけでも、今、何が注目の話題かを知ることができます。

私は、医療法人で資産運用をスタートした当初、金融情報の中で何が重要な話題で、どのテーマに注目するべきかといった「金融情報の土地勘」が全くなかったので、とても苦労しました。まずは「土地勘」を鋭くしたい人は、木内さんのコラムのページをご覧ください。ほぼ、毎日更新されているので、日々のトレンドをずっと追えるのもメリットです。

次に、第一生命経済研究所の **「永濱利廣 経済調査部・首席エコノミストのレポート」** です。永濱氏のレポートは、今後の経済の動向やシナリオなどをテーマに、月に3〜5本

掲載されています。

その他、更新頻度が数か月に1回と配信の数は少ないものの、マクロデータを捉えているのが、ニッセイ基礎研究所の金融・経済のレポートです。ニッセイ基礎研究所のHPに「研究員の紹介」の欄があります。その中で、「井出真吾氏」「矢嶋康次氏」の2名のレポートはおすすめです。

最後に、私が所属しているシンクタンクである、フィスコ世界経済・金融シナリオ分析会議のレポートです。毎週3～4本の国内の政策・金融経済・地政学・安全保障ニュース記事を掲載しています。**国内の政策や財政政策の動向により、国の予算がどこに回るのか、それ次第で恩恵を受ける業界や銘柄が変わってきます。**そのため、国の政策動向は常にチェックしておく必要があります。

また、混沌を極める国際政治を背景に地政学の視点がより重要になっています。「経済＝武器」にもなる時代。

たとえば、日本は中国、米国の両国の経済に深く依存しており、米国と中国の製品には日本の部品や素材がたくさん組み込まれています。安全保障の観点から相手の国で製造されたものを排除する状況の中で、日本は米中の板挟みの状態となっています。この先も、こうした「地政学」リスクに恒常的にさらされ、それに正面から向き合わざるを得ない時代に突入しています。

日本は「地政学」という視点を持ち、国際政治の中でうまくバランスを取りながら生きていく重要性がより増しています。国民レベルでも地政学の視点を持つ必要があり、国民全員が国語、算数を学ぶように「地政学」を学ぶべき時代の到来だと考えます。そのような内容をまとめているのが、フィスコのシンクタンクのレポートです。

12 重要な景気指標の読み方（GDP、日銀短観、ISM、PMI）

国内総生産（GDP）

日本の経済の大きなトレンドを把握する指標として**「国内総生産（GDP）」**と**「日銀短観」**の大きな方向性をつかんでおけば、まずは十分です。

既に説明しましたが、「国内総生産（GDP）」は、端的に表現すれば「国の経済力」を表す指標です。GDPには「名目GDP」と「実質GDP」の2種類がありますが、より重要なのは、物価の上昇率を取り除いた「実質GDP」です。

1．前年比の成長率、つまり増加しているかどうか
2．コンセンサス（アナリストの予想の平均）を上回っているかどうか
3．名目ＧＤＰと実質ＧＤＰの成長率はどちらが高い状態か

の3点を確認します。

景気は一度方向性が定まれば、ある程度の期間は同じ方向に動くことが多いため、景気が現在どちらに向かっているのかを把握する指標としてＧＤＰを用います。

日銀短観

「日銀短観」は、**「全国企業短期経済観測調査」**が正式名称です。日銀のＨＰでは、どのような調査か紹介されています。全国の企業動向を的確に把握して、金融政策の運営の判断をしていくために、全国の約1万社の企業を対象に、四半期ごとに実施しています。

短観では、企業が自社の業績の状態や、経済環境についての現状と先行きをどのように見ているかを調査しています。現場の声が反映されている調査です。

それに加えて、売上高や収益、設備投資額といった事業の実績・予想値など、企業活動全般にわたる項目について調査しています。なかでも、**「業況判断指数（ＤＩ）」**が重要なポイントです。特に、製造業の大企業の回答結果が注目されており、この数値は日本の景気が良い方向にある（向かっている）のかどうかを判断するための材料になります。

チェックポイントとしては、（1）前回実績よりも数値が高く（低く）なっているか、（2）コンセンサスと比較して数値が高いかどうかを確認します。

ＩＳＭ（Institute for Supply Management：製造業景況感指数）

「ＩＳＭ製造業景況感指数」とは、米国の景況感を判断するときに使います。全米供給管理協会（ＩＳＭ：Institute for Supply Management）が公表している「製造業景況感指数」のことで、米国における製造業の景況感を表す指標として広く用いられています。

景気サイクルの転換期を示す先行指標としての精度が高いことから、ＩＳＭ製造業景況感指数は**米国市場における最重要指標の１つ**とみなされています。

毎月第1営業日に公表と、米雇用統計などの主要指標よりも早く公表される速報性も注目を集める理由です。ＩＳＭ製造業景況感指数の見方は、50をボーダーラインとして判断します。数値が50を超えていれば、景気が上向きになっていることを示し、下回れば落ち込んでいると判断できます。

PMI（Purchasing Manager's Index：購買担当者景気指数）

「PMI」とは、企業の購買担当者に新規受注や生産、雇用の状況などを聞き取り、景況感についてアンケート調査した結果を指数化したものです。株式市場では、特に中国のPMIが注目されています。ISMと同じように、数値が50を超えていれば、景気が上向きになっていることを示し、下回れば落ち込んでいると判断できます。

中国のPMIに関しては、中国国家統計局が発表するものと、中国メディアの財新と英国のIHSマークイットが共同で発表するものの2種類があります。両者の大きな違いとしては、統計局のほうは大企業中心の測定に対し、財新のほうは中小企業の比率が相対的に高いとされています。統計局発表分はそれなりに、中国政府主導で調整された数字であり、財新のほうが実態を表しているといった指摘などもあります。

「GDP」「日銀短観」「ISM製造業景況感指数」「PMI」の元データを読み込むのも1つですが、エコノミストのレポートを活用して、情報を理解するのも有効な方法です。

column

2022年4月、株式市場はこう変わる

ここまで、解説してきた東証1部、2部、マザーズ、JASDAQの4つの市場は、2022年4月に、次のように市場区分が再編されます。

現在の1部、2部、マザーズ、ジャスダックの4市場体制が「プライム」「スタンダード」「グロース」（いずれも仮称）の3市場に変わる予定です。

現在の1部上場企業は、希望すれば原則としてプライム市場に移行できます。市場のくくりとしては、現在の1部にあたるものが「プライム市場」、中堅企業が「スタンダード市場」、スタートアップ企業が「グロース市場」の3つに再編されます（予定）。

市場再編の狙いは、世界から投資資金を呼び込み、国際的な市場間競争に打ち勝つことです。

たとえば、「プライム市場」の企業は、信用力が増すほか、東証株価指数（TOPIX）に採用されることがほぼ確実であり、投資資金が流れ込みやすくなります。

図4-19 株式市場は3つに再編される！

	プライム	スタンダード	グロース
特徴	多様な機関投資家が安心して投資対象とすることができる潤沢な流動性の基礎を備えた銘柄を選定する	一般投資者が円滑に売買を行うことができる適切な流動性の基礎を備えた銘柄を選定する	高い成長可能性を実現するための事業計画を有し、投資者の適切な投資判断が可能な銘柄を選定する
株主数	800人以上	400人以上	150人以上
流通株式時価総額	100億円以上	10億円以上	5億円以上
流通株式比率	35%以上	25%以上	25%以上
利益基準	直近2年合計で経常利益25億円以上	経常利益1億円以上	なし

column

「FUNDINNO」で資金調達した上場企業が誕生

個人からの資金調達を容易にする仕組みに、投資型クラウドファンディングがあります。2021年3月、株式投資型クラウドファンディング大手の「FUNDINNO」で資金調達した企業から上場企業が誕生しました。卓球のプロリーグTリーグに所属する琉球アスティーダを運営する「琉球アスティーダスポーツクラブ株式会社」です。同社は、地方の中小企業やベンチャー企業が主に上場する「TOKYO PRO Market」に上場しました。

これにより株式投資型クラウドファンディングは、流動性が確保されたマーケットとして認知されるようになってきました。同社の上場は、その話題性からテレビ東京の日経プラス10（現日経プラス9）でも紹介されました。

このように創業間もないベンチャー企業に対して、資金を供給しようというエンジェル投資のマーケットは、さらに拡大していくでしょう。実際、エンジェル投資を行う個人投資家からは、「企業の成長を楽しみながら投資をしたい」「リスクはあるものの大きなリターンを楽しみにしている」といった声が聞かれます。応援とリターンのどちらの気持ちも強いようです。

第7章

決算書には表れない企業の強みは、ここで見抜く！

1 投資家は、経営者と企業の動向をよく見ている

最後の章は番外編で中上級者向けの内容です。決算書には表れない企業の強みをどう見抜いたらいいのか？　その点についてご紹介します。

投資において業績や株価チャートなどの数字をもとにした客観的な分析を**「定量分析」**、これに対して、経営者のインタビュー記事などから会社の適応力や経営力などを分析することを**「定性分析」**と言います。

銀行などの金融機関が企業分析をする際は、「定量分析」と「定性分析」のどちらも行いますので、投資家視点でも定性分析は重要になります。

具体的な定性分析の要素には、以下が挙げられます。

1．経営者や経営陣の性格、資質、業界経験、知識
2．株主の構成
3．取引先

4．IR（インベスター・リレーションズ）の姿勢

この章では、「経営者」に焦点を当てたIR情報の見方を解説します。第5章で詳しく見ましたが、IR情報は企業が投資家に向けて開示している情報です。そのIR情報の発信の仕方や、経営者の投資家との向き合い方から、その企業が誠実であるかどうかを見極めることができます。

経営者と企業の動向については、個人投資家はよく観察しています。

個人投資家などのSNSなどを見ると、

「社長がIRセミナーに登壇するそうだ」

「セミナーに参加して、今後の見通しについて質問してみよう」

「新サービスがスタートしたので、狙いを質問してみよう」

などの発言をよく見かけます。

2 IRも経営者の仕事であると認識が変わると、株価は上昇しやすい！

マザーズに上場したばかりのベンチャー企業の経営者は、自分の労力と時間（リソース）を当然、経営に全集中しています。しかし、株式市場に上場しているのであれば、本業の経営と同じようにIRにも力を入れて活動するべきなのです。株式公開（IPO）したときには、注目されて株価が上昇した企業も、IPO後2～3年もすると話題性も薄れていき、新しいIRニュースもなく株価が低迷している企業は少なくありません。

業績が悪くて人気がない企業は仕方がないのですが、少しずつ階段状に業績を積み上げている魅力的な企業の場合、IRの活動をしっかり行わなければ、埋もれていってしまいます。

一方、しっかりとしたIR部門があり、定期的に自社の情報を発信し、個人投資家向けセミナーを開催している企業は認知度がじわじわと上がってきます。

インタビューの中で、**経営者が「特に、最近はIRを経営戦略の重要なテーマに置いている」と話している企業の株価はその後、大きく上昇する傾向**があります。

経営者がIRに力を入れると株価が上昇しやすい！

最近はIRを経営戦略の重要なテーマにしています
フムフム
株価が大きく上昇！

たとえば、時価総額が200億円以下の企業の場合は、事業の業績を積み上げることに必死ですが、あるとき、経営者として業績と同じくらいにＩＲが重要であることに改めて気づくことがあるように見受けられます。

最近の企業では、ＩＰＯ以前からＩＲの重要性を認識している経営者もいますが、全ての企業が最初からＩＲの重要性を意識しているわけではありません。

また、重要性がわかっていても、なかなか時間と労力を割くことができない企業も多いです。

3 マザーズ市場から東証1部に鞍替えする企業に注目！

では、どんなタイミングで経営者がＩＲの重要性を認識するのか。それは、ＩＰＯから数年経過してから、株価が低迷したタイミングです。

「上場すればうまくいくと思っていた。こんなはずではなかった」

「何とかしなければ」

そう思い、企業はＩＲに積極的になるのです。

そして、もう1つは、マザーズから東証1部に鞍替えすることを狙っているタイミングで、IRを意識するケースがとても多いです。

特に、東証1部へ鞍替えする際には経営者の想いが非常に強まるタイミングだと感じます。なぜなら東証1部に鞍替えすれば、信頼度が一気に上がり、取引先の企業数が増えたり、アライアンスを組みやすくなるなど業績が大躍進する側面があるからです。

企業を成長させ、拡大していくためには経営者は当然、鞍替えを目指します。それにより、従業員のモチベーションもアップします。

そして、**東証1部の市場に上場すれば機関投資家の投資対象にもなりやすく、機関投資家が保有する企業の株価は底堅い値動きになりやすい**のです。

このように、**東証1部への鞍替えはメリットがたくさん**あります。

4 マザーズから東証1部に鞍替えの条件とは

実際にマザーズから東証1部に鞍替えするには、日本取引所グループの基準を満たす必要があります（2022年4月に市場区分が再編されます。254ページのコラム参照）。

過去には、時価総額基準が40億円以上となっていましたが、現在は時価総額250億円以上に変更されています。理由は、時価総額が小さすぎて「質の伴わない東証1部企業」が増えたためだと指摘されています。

現在のマザーズから東証1部への鞍替え基準で主なものは、以下の3つです。

1．時価総額が250億円以上
2．株主数が800人以上
3．次のa又はbに適合すること
a 最近2年間における利益の額の総額が25億円以上
b 最近1年間の売上高が100億円以上かつ時価総額が1000億円以上

東証1部に鞍替えする際に、経営者が特に意識するものが、**1．時価総額と2．株主数**です。鞍替えをしたいと思い始めた際に、時価総額がまだ、250億円を上回っていない、あるいはギリギリであるケースや、株主数が800人を上回っていない状態である企業が多いです。そこで、経営者は時価総額を上げることと、株主数を増やすことを意識します。

時価総額は**「株価×発行済株式数」**で求められます。

つまり、時価総額を上げるには、**「株価が上昇すること」**と**「発行済株式数が増えること」**の両方ともがプラスに寄与します。

第3章で学んだように、株価は**「PER（投資家の期待）×EPS（1株当たり利益）」**で求められます。EPS（1株当たり利益）は業績と直結している（税引き後当期純利益を総発行済株式数で割る）ので、今すぐに大きく上昇させることは難しいです。

一方でPER（投資家の期待）は大きくすることができます。たとえば、コロナ禍で遠隔医療の普及が予想されて、投資家は先の未来に期待して遠隔医療の関連銘柄を買う動きが見られました。これが、投資家の期待としてPERに反映されます。

投資家の期待を大きくするには、会社がどのような未来を見据えていて、この先、どれくらい成長するのかをしっかりと株主に伝える必要があります。それがまさに、IRなのです。

東証1部への鞍替えを意識した企業が、IRに積極的になる理由がわかりますね。

そして、2.の株主数ですが、株主数を増やす目的で、株式分割をするケースがあります。先述しましたが株主分割では、たとえば、５０００円（最低購入価格50万円）の株価の企業が株式分割（２分割）した場合は、株価２５００円（最低購入価格25万円）になります。

1銘柄50万円の株より、25万円の株のほうが買いやすいですよね？

株式分割により最低購入価格が半分になることで、その企業の株を買いやすくなり、株を持つ投資家が増加し、株主が増えるのです。

その株を購入する人が増加すれば、株価が上昇しやすくなります。

5 マザーズから東証1部へ鞍替えする企業を、いち早くキャッチするには？

ここまでの話をまとめましょう。

「未来の鞍替え企業」は、以下のように見定めることができます。

マザーズの企業で着実に成長していること。IRに特に力を入れ始めて、株式分割などを行っている（株式分割は必ずではありません）こと。

「いよいよ東証1部に鞍替えか！」との観測記事なども出てきます。それを見逃さないように、兆しを読みとってください。

こうやって見ると、IRはただの数字を発表するものではなく、その企業姿勢やメッセージを受け取るものなのです。

大々的な広告のような派手さはないラブレターかもしれませんが、目を凝らしてキャッチしてあげてください。

6 成長性のある企業かどうかは、社長インタビューでその目で確かめよう！

ピーバンドットコム～プリント基板業界のラクスル

ここでは実際に、東証1部に鞍替えの流れで、株価が上昇した事例を紹介します。

ピーバンドットコムは黒字転換銘柄ではありませんが、東証1部へ鞍替えを意識した後に、株価が3・4倍になった企業です。

２０１９年の9月頃から、ＩＲ活動を積極化し、業務提携のニュースを新聞で掲載、ラジオの出演などメディアの露出が増加し、株式分割も実施しています。

この頃になると、東証1部に鞍替え観測の話題も出てきていました。

私自身も「『プリント基板業界のラクスル』ピーバンドットコム　田坂正樹社長　市場変更を語る」と題して、社長インタビューをさせていただきました。

その記事は２０１９年10月7日に公開。東証1部に鞍替えが決まったことを２０１９年12月18日に発表しています。

図7-1 ピーバンドットコム〈3559〉の株価チャート（日足　2019年6月～2019年10月）

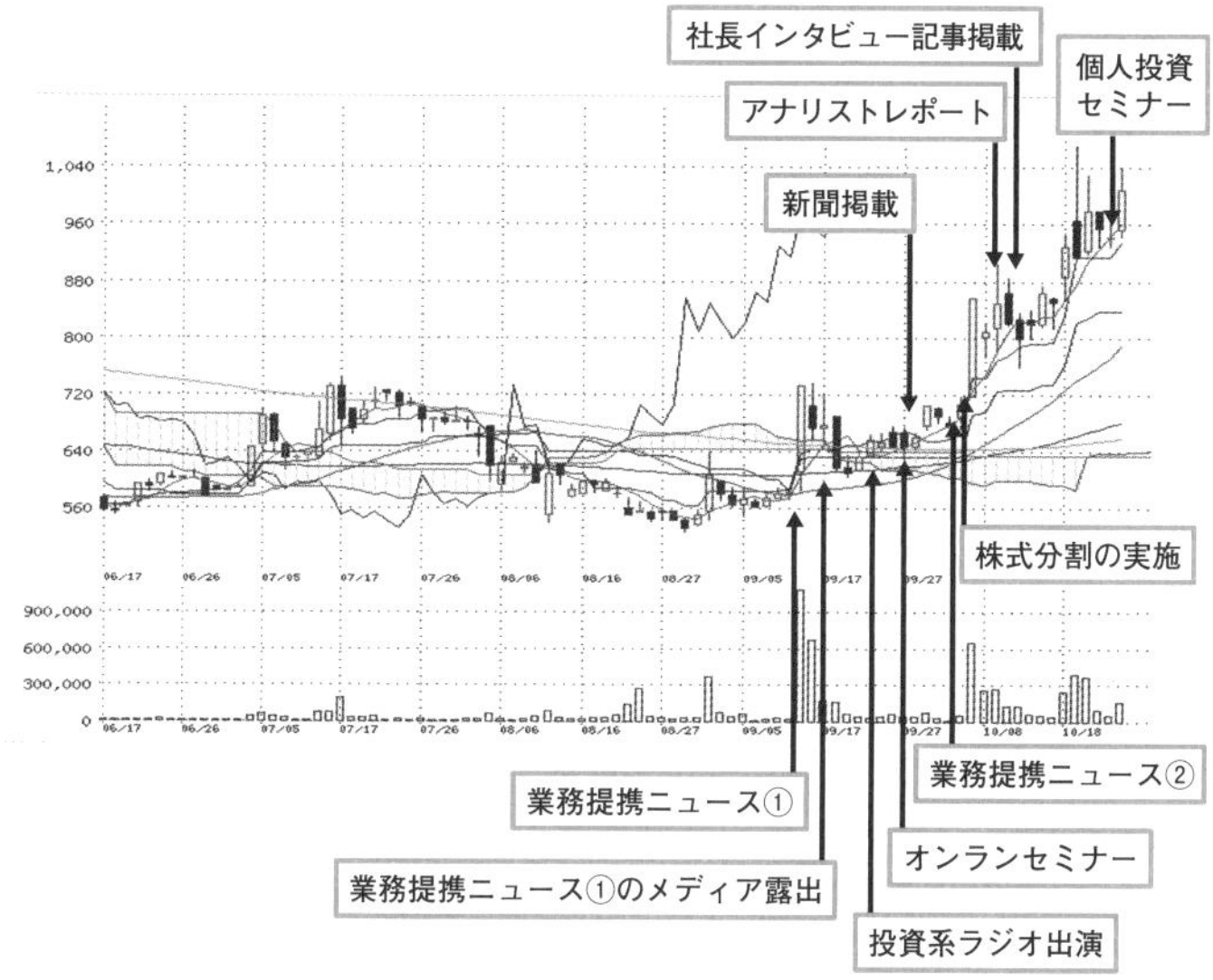

（出所：フィスコ　パワーチャート）

黒字転換銘柄ではありませんが、
東証1部へ鞍替えを意識した後に、
株価が3.4倍になりました

特に、東証1部に鞍替えを意識し始めた時期が2019年の6～7月以降だと仮定するなら、その頃の株価は560円付近でした。そこから積極的なIR活動を行い一気に認知度がアップし、株価は急上昇しました（図7－1）。

プリント基板とは、電子機器であれば必ず入っているあのグリーンの基板のことです。半導体需要の拡大もあり、テーマ性もあったことも株価が上昇した要因でした。最終的には、2019年12月に1839円まで上昇しました。

エル・ティー・エス～企業DX化のコンサルティング

次に、エル・ティー・エスです。こちらは、企業のデジタルトランスフォーメーション（DX）化のコンサルティングを行っている企業で、2020年6月23日に東証1部に鞍替えが決まったことを報告しています。

こちらも、東証1部への鞍替え前後で株価が大きく立ち上がり上昇した企業です。東証1部への承認が決まった後も、継続的にIR活動に力を入れており、経営戦略の中心にIRを置いていることがうかがえます。

2020年3月で870円だった株価は、9月には6150円と約7倍まで上昇してい

図7-2 エル・ティー・エス〈6560〉の株価チャート
（日足　2020年2月～2020年10月）

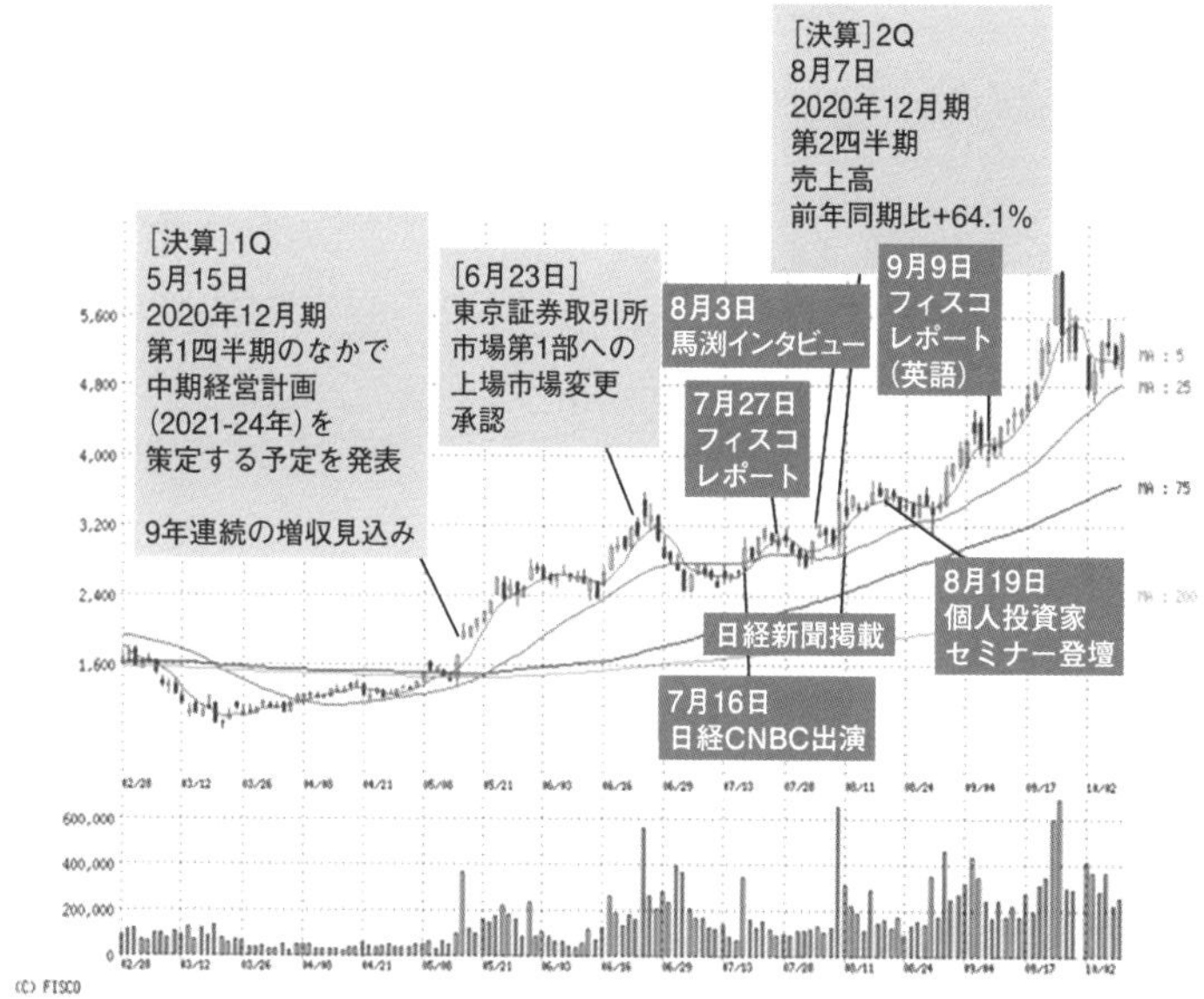

（出所：フィスコ　パワーチャート）

東証１部への鞍替えを意識し、
IRにも積極的に取り組むことで
株価が7倍まで上昇しました！

ます（図7−2）。

私自身の社長インタビュー記事は、2020年8月3日に、「DXの『新本命』が東証一部へ『エル・ティー・エス』樺島 弘明社長インタビュー」と題して公開。マザーズから東証1部への市場変更をする流れで、株価が大きく上昇するケースがありますので、ぜひチェックしてみてください。

カナミックネットワーク～医療・介護分野に特化したクラウドサービス

次に、カナミックネットワークです。同社は、医療・介護分野に特化したクラウドサービスを展開しています。

図7−3は、2018年の私のセミナー資料です。カナミックネットワークは、行政を巻き込みながら、ICTを活用して医療、介護業界を活性化させるネットワークサービスを提供しています。

DXという言葉が出てくる以前から、介護業界のDXを手掛けている企業です。東証1部に鞍替えするまでの株価とIR活動を見ると、行政との連携内容を積極的にIR発表しています。

図7-3 カナミックネットワーク〈3939〉の株価チャート
（日足　2016年10月～2017年12月）

（2018年7月東証1部昇格）
（1部上場前のIRに焦点を当てています）

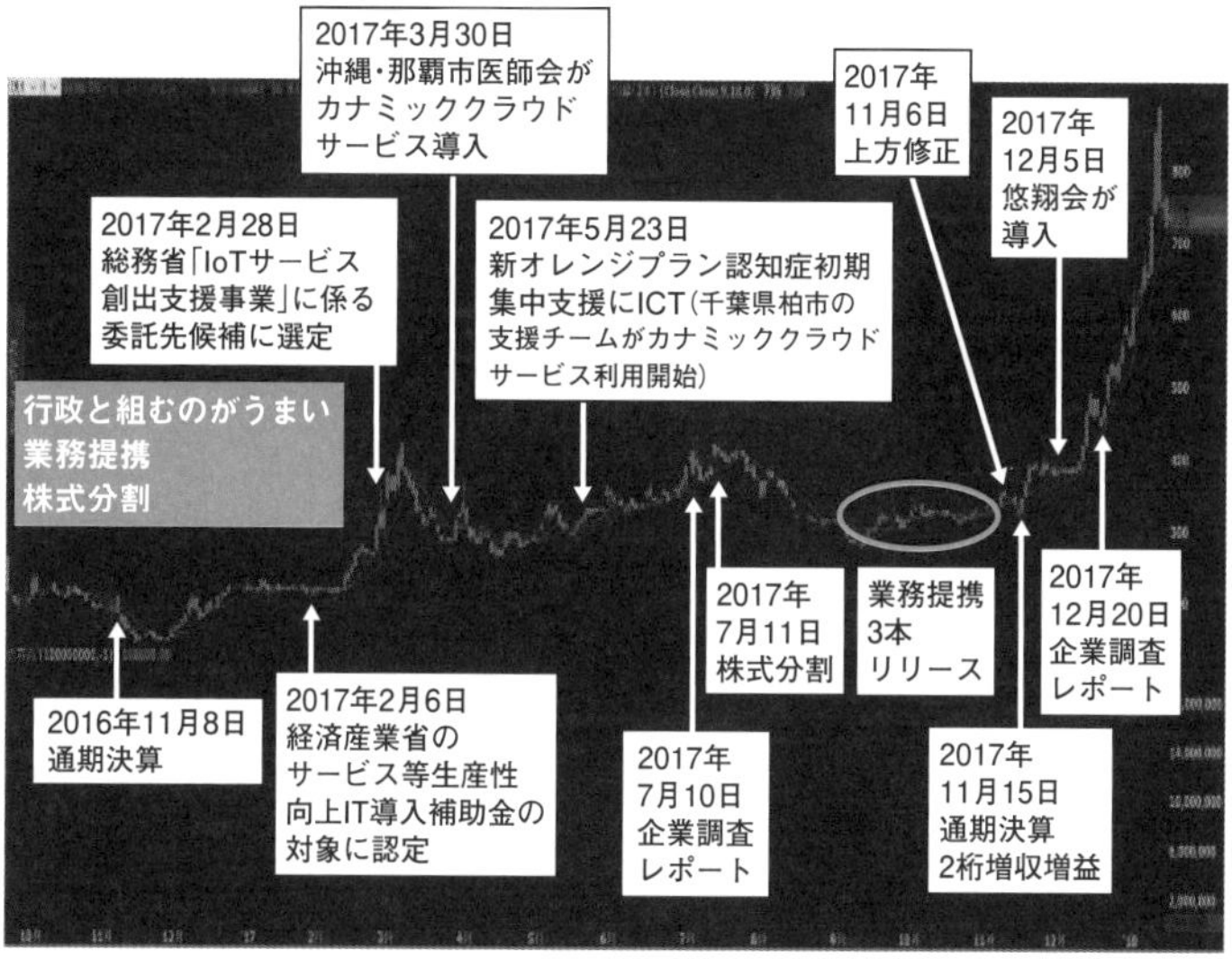

（出所：マネックス証券　トレードステーション）

業績の上方修正を
アナリストレポートを活用しながら
拡散するなど、
IRの姿勢を見るだけでも、
企業の「強さ」を認識できます

また、株式分割を行いながら、株の流動性を高めていることもわかります。

そして、業績の上方修正を企業調査レポートであるアナリストレポートを活用しながら拡散し、認知度が高まる中で東証1部に鞍替えしました。IRのヒストリーを見るだけでも、その企業の「強さ」を認識できます。

メドピア〜医師専用サイトを運営する

次に、メドピアです。

医師専用サイトを運営するメドピアは、コロナ禍で一気に知名度を上げました。コロナ以前から着実に成長してきた企業です。業績を見れば2016年時点で黒字転換している企業です。

2019年11月に東証1部への市場変更の準備を始めるとIRニュースでも掲載しており、この頃から営業利益・経常利益ともに成長スピードが加速しています。

企業のIRニュースで市場変更の準備に入ったというニュースの直後から、株価が好感されることは少ないですが、メドピアのように、後々大きく上昇するケースが多いです。

図7-4 メドピア〈6095〉 四半期業績推移

（単位：百万円）

決算期 ▲	区分 ▲	売上高 ▲	(前年比) ▲	営業利益 ▲	(前年比) ▲	経常利益 ▲	(前年比) ▲	当期利益 ▲	(前年比) ▲	EPS ▲
2016/03	2Q	**204**	-15.7%	-12	29.4%	-12	29.4%	-10	28.6%	−円
2016/06	3Q	**199**	-15.7%	**-19**	-272.7%	**-19**	-290.0%	**-12**	-300.0%	−円
2016/09	本	**277**	25.3%	**35**	118.8%	**28**	75.0%	**11**	37.5%	0.5円
2016/12	1Q	**361**	23.2%	**24**	-54.7%	**21**	-61.1%	**6**	-82.4%	0.3円
2017/03	2Q	**349**	71.1%	**5**	141.7%	**2**	116.7%	-14	-40.0%	−円
2017/06	3Q	**363**	82.4%	**-14**	26.3%	**-19**	0.0%	**-31**	-158.3%	−円
2017/09	本	**486**	75.5%	**67**	91.4%	**61**	117.9%	**-324**	-3,045.5%	−円
2017/12	1Q	**547**	51.5%	**92**	283.3%	**89**	323.8%	**50**	733.3%	2.3円
2018/03	2Q	**525**	50.4%	**92**	1,740.0%	**113**	5,550.0%	**51**	464.3%	2.4円
2018/06	3Q	**532**	46.6%	**110**	885.7%	**103**	642.1%	**66**	312.9%	3.1円
2018/09	本	**595**	22.4%	**73**	9.0%	**74**	21.3[illegible]	[illegible]	[illegible]	1.8円
2018/12	1Q	**762**	39.3%	**174**	89.1%	**176**	97.8[illegible]	[illegible]	[illegible]	5.9円
2019/03	2Q	**783**	49.1%	**156**	69.6%	**141**	24.8[illegible]	[illegible]	[illegible]	4.6円
2019/06	3Q	**702**	32.0%	**51**	-53.6%	**50**	-51.5[illegible]	[illegible]	[illegible]	1.3円
2019/09	本	**798**	34.1%	**177**	142.5%	**187**	152.7[illegible]	[illegible]	[illegible]	6.6円
2019/12	1Q	**941**	23.5%	**183**	5.2%	**206**	[illegible].0%	**151**	18.9%	7.0円
2020/03	2Q	**1,370**	75.0%	**301**	92.9%	**302**	114.2%	**190**	93.9%	8.8円
2020/06	3Q	**1,348**	92.0%	**249**	388.2%	**249**	398.0%	**144**	414.3%	6.7円
2020/09	本	**1,652**	107.0%	**371**	109.6%	**373**	99.5%	**240**	70.2%	11.2円
2020/12	1Q	**1,938**	106.0%	**626**	242.1%	**637**	209.2%	**437**	189.4%	20.3円

成長スピードが加速！

（出所：マネックス証券　銘柄スカウター）

そのため、「市場変更の準備」のニュースには、目を光らせてチェックしてみてください。

その後、業績の上方修正が発表されていますし、リサーチレポートであるアナリストレポートを同社は活用しています。

このような土台があった上で、同社にとってはコロナという要因もあり、認知度が一気に高まりました。

このように、時代の大きな流れに乗れる企業は、実は何年も前から事業の成長に地道に取り組んでいるのです。着実に業績を積み重ねていたからこそだと言えるでしょう。

図7-5 メドピア〈6095〉（2020年9月東証1部昇格）の株価チャート

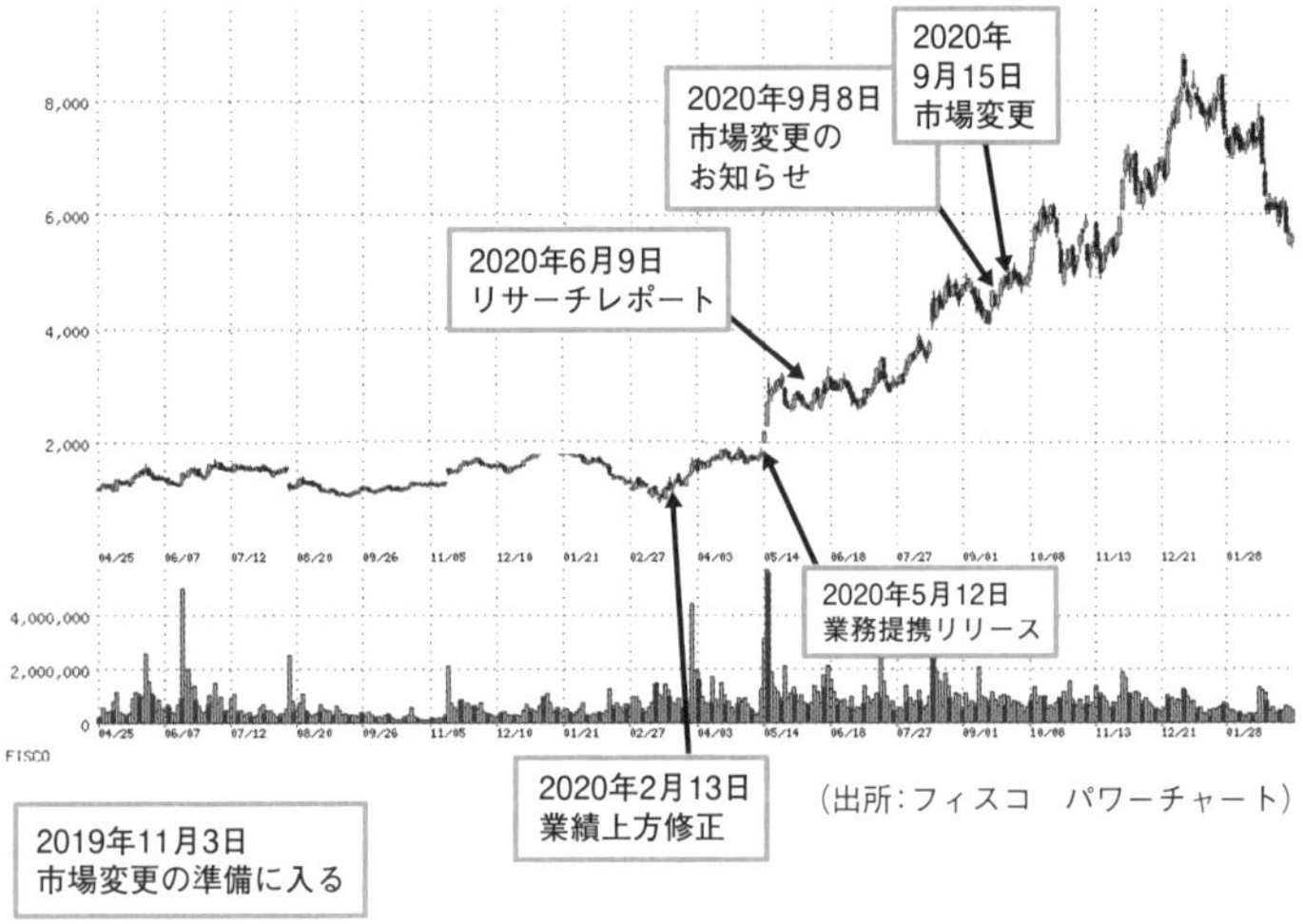

（出所：フィスコ　パワーチャート）

「市場変更の準備」の
ニュースには、
目を光らせて
チェックしてみてください！

7 市場の鞍替えをチェックする手順

市場の鞍替えは、新規上場からの経過年数が3年未満であり、かつ一部指定及び市場変更対象会社の上場以降の組織体制や事業内容等に大きな変化が見られない場合については、審査期間を2か月とすることが可能です。

そのため、**勢いのある企業はマザーズ上場後、3年以内に東証1部に市場変更するケースがあります。**

しかし、必ずしもスピード感を持って市場変更できる企業ばかりではありません。

マザーズ上場後、数年経っている企業でも、ある程度、毎日の上昇率ランキングで目にしたことがあるような企業は、念のためチェックしておきましょう。

毎日の**「マザーズ上昇ランキング」で目にするようになると、その企業は人気化していることを示していますし、**時価総額、投資家の数、業績などが東証1部の条件に近づいている可能性が高いです。

さらに、メドピアのように、2019年11月時点で「市場変更の準備」に入ったという

ＩＲニュースには敏感に反応してください。

また、新聞でも「東証１部への市場変更の観測」といった記事が報道されることがありますので、ニュースでも先回りして把握します。

マザーズに上場した企業を把握しておき、毎日相場を見ていると、**「あっ、あの企業はそろそろ、東証１部に変更しそうだな」**と肌感覚でわかってきます。

成長が期待できる有望企業を探す方法として、ぜひ実践してみてください。

本書は、著者の経験と知識に基づいて株式投資の銘柄選びのポイントをお伝えするものですが、その情報の確実性あるいは完結性を表明するものではありません。本書に記載した情報や意見によって読者に発生した損害や損失については、著者・出版社は一切責任を負いません。投資にかかわる最終決定は、くれぐれもご自身の判断で行ってください。

［著者］
馬渕磨理子（まぶち・まりこ）
経済アナリスト、日本テクニカルアナリスト協会認定テクニカルアナリスト
フィスコ世界経済・金融シナリオ分析会議 研究員
日本クラウドキャピタル マーケティング・未上場マーケットアナリスト
フジテレビ系列Live News αレギュラーコメンテーター

滋賀県出身。同志社大学法学部卒業、京都大学公共政策大学院修了、公共政策修士。2013年関西の某医療法人に入社後、資産運用トレーダー業務を始める。独力で財務・経営分析力を磨いた結果、資産を３倍にする。2015年独立系金融情報配信会社 フィスコのアナリストに転身。上場企業の経営者を中心にインタビューし、個別銘柄分析や日本･韓国･米国経済などの市況分析に従事。入社当時、アナリストだった上司より「堅実な銘柄選定法」として「黒字転換２倍株」のノウハウを受け継ぐ。2017年からは日本クラウドキャピタルにも籍を置き、日本初の未上場マーケットアナリスト兼マーケティング担当として活動。
雑誌・Webなど連載多数。「PRESIDENT」誌に多数記事を掲載。「プレジデントオンライン」の執筆記事は、2020年の半年間で累計6000万PVを超え、「日本一バズるアナリスト」ともいわれる。2020年11月ラジオNIKKEIにて「馬渕磨理子の５分で教えて！ベンチャー社長」がスタート。本書が初の著書。

５万円からでも始められる！
黒字転換２倍株で勝つ投資術

2021年６月15日　第１刷発行
2024年１月12日　第７刷発行

著　者——馬渕磨理子
発行所——ダイヤモンド社
〒150-8409　東京都渋谷区神宮前6-12-17
https://www.diamond.co.jp/
電話／03･5778･7233（編集）　03･5778･7240（販売）
装丁————渡邉雄哉（LIKE A DESIGN）
撮影————小原孝博
本文デザイン&DTP—二ノ宮 匡（ニクスインク）
イラスト——坂木浩子（ぽるか）
校正————鷗来堂
制作進行——ダイヤモンド・グラフィック社
印刷・製本—ベクトル印刷
編集担当——高野倉俊勝

©2021 Mariko Mabuchi
ISBN 978-4-478-11276-2
落丁・乱丁本はお手数ですが小社営業局宛にお送りください。送料小社負担にてお取替えいたします。但し、古書店で購入されたものについてはお取替えできません。
無断転載・複製を禁ず
Printed in Japan